Die Gedanken sind frei!

Die Höflichkeit, die ich alle Tage übe, ist zum guten Theil eine [...] Verstellung; wenn ich meine Träume für den Leser deute, bin ich zu solchen Entstellungen genöthigt. Ueber den Zwang zu solcher Entstellung klagt auch der Dichter:

> *„Das Beste, was du wissen kannst, darfst du den Buben doch nicht sagen."*

In ähnlicher Lage befindet sich der politische Schriftsteller, der den Machthabern unangenehme Wahrheiten zu sagen hat. Wenn er sie unverhohlen sagt, wird der Machthaber seine Aeusserung unterdrücken, nachträglich, wenn es sich um mündliche Aeusserung handelt, präventiv, wenn sie auf dem Wege des Drucks kundgegeben werden soll. Der Schriftsteller hat die C e n s u r zu fürchten, er ermässigt und entstellt darum den Ausdruck seiner Meinung.

Sigmund Freud: *Die Traumdeutung.*
Leipzig und Wien: Deuticke, 1900; S. 99.

Heinz Schott

Die Gedanken sind frei!
Ein Essay zur Zeitenwende

Coverbild:
Naturdenkmal »Zeitenwende«
im Kottenforst bei Bonn
Foto vom 20. Juli 2023 (H. Schott)

SCHOTT's NEUE BIBLIOTHEK / 11

ISBN: 9783758302237

Vorwort

Mein Essay versammelt Einfälle, Erinnerungen, Überlegungen, die ich zwischen Februar und Juli 2023 niedergeschrieben habe. Wenn mir der Zeitgeist in der viel beschworenen Zeitenwende wie eine im Dunkel liegende Landschaft vorkommt, in der man ohne Orientierung umhertappt, so können doch Gedankenblitze das Gelände rundum erhellen. Das altbekannte Lied *Die Gedanken sind frei!* gab mir den Anstoß zu diesem Essay. Ich möchte meine Gedanken aber nicht für mich behalten, sondern sie äußern, mitteilen. Gedankenfreiheit ist ohne Redefreiheit (*free speech*) wenig wert. Nur wenn Gedanken ohne Zensur oder Repression zu Wort kommen dürfen, kann von Meinungsfreiheit die Rede sein, dem demokratischen Grundrecht schlechthin. Nicht *Wokeness*, sondern Gelassenheit ist das Gebot der Stunde. Natürlich hoffe ich, dass mein Essay Anklang findet. Doch nicht die Frage des Publikumserfolgs bewegt mich in erster Linie. Vielmehr bin ich es meiner Selbstachtung schuldig, in dieser aufgeregt-aufregenden Zeit meine Gedanken mitzuteilen, soweit es mir zuträglich erscheint. Sigmund Freuds Vergleich der Traumarbeit mit einem Schriftsteller, der »den Machthabern unangenehme Wahrheiten zu sagen hat«, wie das vorangestellte Zitat ausführt, weist auf die unvermeidbare Spannung zwischen Enthüllen und Verbergen hin, die sich bei jeder schriftstellerischen Tätigkeit einstellt.

In seiner monumentalen Studie *Was ist Deutsch? Die Suche einer Nation nach sich selbst* (Berlin 2017) hat Dieter Borchmeyer die typische Zwiespältigkeit des Deutschseins – auch ein wichtiges Motiv meines Essays – anhand von literarischen Quellen der deutschen Geistesgeschichte ausführlich analysiert. Im Mittelpunkt seiner

Betrachtungen steht das Oszillieren zwischen Kosmopolitismus und Nationalismus, denen zwei gegensätzliche Charaktere entsprechen: philanthropisch gestimmter Weltbürger versus herrschsüchtiger Chauvinist. Wie eng ihre Haltungen beisammen liegen, zeigt er an unzähligen Zeugnissen auf. Er beschreibt umfassend und ausschweifend die eigenartig labile Gemütslage der Deutschen. Mein Essay versucht aber nicht, die Frage »Was ist deutsch?« auf der Grundlage von literarischen Quellen zu beantworten. Vielmehr möchte ich der Resonanz nachspüren, die sie in mir selbst hervorruft. Was habe ich erlebt? Was irritiert mich, stürzt mich in Zweifel? Welche Erinnerungen tauchen in mir auf? Wo finde ich einen sicheren Grund, wenn alles ins Wanken gerät? Letztlich bewegt mich nicht die Frage: »Was ist deutsch?«, sondern »Was erlebe ich als Bürger im heutigen Deutschland?« Welche Gedanken stellen sich ein und inwieweit kann ich sie formulieren und darf sie veröffentlichen? Mein Essay stellt also keine Analyse eines objektiven Sachverhalts dar, er besteht eher aus Fragmenten einer Selbstanalyse, die vergangenes und gegenwärtiges Erleben berührt und es gelegentlich in Anekdoten verdichtet. Dabei könnte ich auf Sigmund Freud als Vorbild verweisen.[1] Freilich habe ich nicht seine Methode des freien Assoziierens angewandt, wie er sie in seinem Hauptwerk *Die Traumdeutung* geschildert hat. Gleichwohl ist mein Erzählen dem freien Assoziieren verwandt.

Bonn, im Sommer 2023   Heinz Schott

---

1   Vgl. Heinz Schott: *Zauberspiegel der Seele. Sigmund Freud und die Geschichte der Selbstanalyse.* Göttingen 1985.

262.

Die Gedanken sind frei.

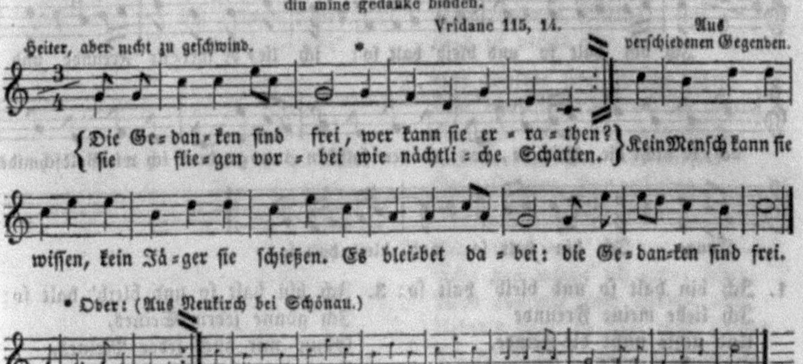

1. Die Gedanken sind frei,
   Wer kann sie errathen?
   Sie fliegen vorbei
   Wie nächtliche Schatten.
   Kein Mensch kann sie wissen,
   Kein Jäger sie schießen.
   Es bleibet dabei:
   Die Gedanken sind frei.

2. Ich denke was ich will
   Und was mich beglücket,
   Doch alles in der Still
   Und wie es sich schicket.
   Mein Wunsch und Begehren
   Kann niemand verwehren.
   Es bleibet dabei:
   Die Gedanken sind frei.

3. Sperrt man mich gleich ein
   Im finsteren Kerker,
   So sind es doch nur
   Vergebliche Werke;
   Denn meine Gedanken
   Zerreißen die Schranken
   Und Mauern entzwei:
   Die Geadnken sind frei.

4. Jetzt will ich auf immer
   Der Liebe entsagen
   Und will mich nicht mehr
   Mit Grillen so plagen.
   Man kann ja im Herzen
   Stets lachen und scherzen
   Und denken dabei:
   Die Gedanken sind frei.

5. Ich liebe den Wein,
   Mein Mädchen vor allen,
   Die thut mir allein
   Am besten gefallen.
   Ich bin nicht alleine
   Bei meinem Glas Weine,
   Mein Mädchen dabei:
   Die Gedanken sind frei.

Aus Neukirch bei Schönau. Im Wunderhorn 3, 38—40. sind die 4. ersten Strophen unsers Liedes, aber alle bis auf die erste in abweichender Lesart, zu einem Zwiegesange eines Gefangenen mit seiner Geliebten verwendet: wol ein Kunststück der Herausgeber des W., worauf auch die Worte unter der Ueberschrift: „Nach Schweizerliedern" zu deuten scheinen.

Christian Eduard Böttcher (1818-1889)
Sommermorgen am Rhein, 1864
Öl auf Leinwand; 68,5x99,5cm
Sammlung RheinRomantik, Bonn

Ein Volkslied macht Karriere

Die Gedanken sind frei! gehört zu den bekanntesten deutschen Liedern weltweit. Das voranstehende Faksimile habe ich dem Band *Schlesische Volkslieder und ihre Melodien. Aus dem Munde des Volks* entnommen, die Heinrich Hoffmann von Fallersleben und Ernst Richter gesammelt und 1842 im Leipziger Musikverlag Breitkopf & Härtel herausgegeben haben.[2] Die vorliegende Textfassung geht auf Hoffmann von Fallersleben zurück. Ich möchte mich hier nicht mit der Entstehungs- und Wirkungsgeschichte dieses »Volkslieds« befassen, das als Protestsong – oft mit aktualisierten Textvarianten und abgewandelter Melodie – bis heute recht beliebt ist. So wurde es vor einigen Jahren auf einer Kundgebung zum »Mordfall Mia V.«, organisiert vom »Frauenbündnis Kandel«[3], ebenso gesungen wie auf einem »Montagsspaziergang« gegen die Impfpflicht in Marburg Anfang 2022[4]. Aber das Lied wurde auch von berühmten Liedermachern vor großem Auditorium dargeboten, die es freizügig ihren eigenen Vorstellungen anpassten, von Leonard Cohen (1975)[5] bis hin zu Constantin Wecker (2015).[6]

Die Gedanken sind frei! offenbart wie keine anderes Lied die Grandiosität und zugleich Kalamität deutscher Freiheitssehnsucht. Es liefert mir einen Schlüssel zum besseren Verständnis der gegenwärtigen geistigen und politischen Situation in Deutschland und soll mir als Ausgangspunkt für meine Einlassungen dienen, die den

---

2 Das Digitalisat stammt aus der Bayerischen Staatsbibliothek: https://opacplus.bsb-muenchen.de/title/BV007875682 (14.02.2023)
3 https://www.youtube.com/watch?v=CapEsXBrgj8 (14.02.2023)
4 https://www.youtube.com/watch?v=j4ZADpnUo1s (14.02023)
5 https://www.youtube.com/watch?v=5cdYH5aa_B4 (14.02.2023)
6 https://www.youtube.com/watch?v=cvcTOxXz3gU (14.02.2023)

Charakter von Selbstgesprächen haben. Mein Essay unterscheidet sich von einem wissenschaftlichen Artikel oder Sachbuch; ich arbeite keine Gliederung ab, verzichte auf systematische Entfaltungen und ausführliche Fußnoten oder Anmerkungen.

Das schwungvolle Lied mit seiner trutzig-kämpferischen Melodie wurde zu einer Freiheitshymne, die sich dazu eignet, als Zeichen des Aufbegehrens gemeinsam gesungen zu werden. Gleichwohl steht der Text des Liedes in merkwürdigem Gegensatz zu befreiender oder gar revolutionärer Aktion. Denn er weist den Freiheitsliebenden nicht den kämpferischen Weg zur äußeren Freiheit einer bürgerlichen Existenz, sondern den meditativen zur inneren Freiheit im Reich der Phantasie. Somit steht das deutsche Lied in polarem Gegensatz zur *Marseillaise*, der Nationalhymne der Franzosen, das dazu aufruft, für die Freiheit blutig zu kämpfen.

Schauen wir uns die fünf Strophen im Einzelnen an, die *eines* gemeinsam haben: Sie feiern die Freiheit der Gedanken, so unfrei die Lage des Menschen auch sein möge.

> *Die Gedanken sind frei,*
> *Wer kann sie erraten,*
> *Sie fliegen vorbei*
> *Wie nächtliche Schatten.*
> *Kein Mensch kann sie wissen,*
> *Kein Jäger sie schießen.*
> *Es bleibet dabei:*
> *Die Gedanken sind frei!*

Die erste Strophe erklärt, warum die Gedanken frei sind. Niemand kann sie, die wie nächtliche Schatten vorbeifliegen, erraten und wissen. Der Ton des Triumphs ist unüberhörbar: Wenn man den Menschen auch alle möglichen Fesseln anlegen kann, so sind ihre Gedanken nicht zu fassen, nicht zu verhaften oder gar abzuschießen.

Ich denke was ich will
Und was mich beglücket,
Doch alles in der Still,
Und wie es sich schicket.
Mein Wunsch und Begehren
Kann niemand verwehren.
Es bleibet dabei:
Die Gedanken sind frei!

Die zweite Strophe hebt noch einmal die Freiheit der Gedanken hervor, allerdings unter einem gewichtigen Vorbehalt: *Doch alles in der Still, Und wie es sich schicket.* Ein Denken in der Stille bedeutet aber nichts anderes als Schweigen, genauer: Verschweigen der Gedanken, die sich nicht »schicken«. Wir haben hier eine Lobpreisung der Gedankenfreiheit und zugleich einen Verzicht auf die Redefreiheit, womit unschickliche Gedanken zum Ausdruck gebracht werden könnten. Unter dieser Bedingung kann einen in der Tat niemand daran hindern zu wünschen und zu begehren. Diese Art von Freiheit kann derjenige genießen, der den Mund hält und schweigt.

Und sperrt man mich gleich ein
Im finsteren Kerker,
So sind es doch nur
Vergebliche Werke;
Denn meine Gedanken
Zerreißen die Schranken
Und Mauern entzwei:
Die Gedanken sind frei!

Die dritte Strophe drückt das Pathos der politischen Befreiung am stärksten aus. Auch die schlimmste Kerkerhaft kann die Befreiung nicht verhindern: *Denn meine Gedanken / Zerreißen die Schranken.* Aber auch hier ist nicht die reale Befreiung, sondern die gedankliche, geistige Befreiung gemeint. Wie aus einer solchen die politische Befreiung erreicht werden kann, bleibt im Dunkeln. Die Strophe klingt wie der Spruch eines Verzweifelten, der sich angesichts der Gefängnismauern Mut und Trost zusprechen will: Egal, wie unüberwindbar diese auch sein mögen – meine Gedanken können sie nicht einschließen. Dies erinnert mich an den berühmten Ausruf von Otto Wels im Reichstag am 23. März 1933: »Freiheit und Leben kann man uns nehmen, die Ehre nicht!«

Jetzt will ich auf immer
Der Liebe entsagen
Und will mich nicht mehr
Mit Grillen so plagen.
Man kann ja im Herzen
Stets lachen und scherzen
Und denken dabei:
Die Gedanken sind frei!

Nach dem Szenario der Kerkerhaft, dem *worst case*, in der Mitte des Gedichts wendet es sich wieder dem Privatleben und seinen Glücksmöglichkeiten zu. In der vierten Strophe will der Ich-Erzähler dem Liebeskummer entgehen und sich nicht länger sorgen und grämen. Er will vielmehr leichten Herzens »lachen und scherzen« und sich in Gedanken von allen Widrigkeiten freimachen.

Ich liebe den Wein,
Mein Mädchen vor allen,
Die thut mir allein
Am besten gefallen.
Ich bin nicht alleine
Bei meinem Glas Weine,
Mein Mädchen dabei:
Die Gedanken sind frei!

In der fünften und letzten Strophe klingt die alte Formel von »Wein, Weib und Gesang« an, worauf Hoffmann von Fallersleben auch in der zweiten Strophe des Deutschlandliedes zurückgriff, das er im Jahr vor der Drucklegung der *Schlesischen Volkslieder* verfasst hatte. Jetzt ist der glückliche Endzustand in holder Zweisamkeit »bei meinem Glas Weine« erreicht. Die biedermeierliche Idylle hat den Dichter eingeholt, ein Geisteszustand, den man im Deutschen »Gemütlichkeit« nennt. In ihm sind die Gedanken wirklich frei. Das Gemälde von Eduard Böttcher illustriert wunderschön diese Melange aus Gemütlichkeit und Gedankenfreiheit, ein *Happy End* im Rahmen der Rheinromantik (siehe S. 8).

Um die kulturhistorische Bedeutung des Lieds aufzuklären, müssten vor allem die damaligen politischen Verhältnisse in Deutschland berücksichtigt werden: die antinapoleonischen Befreiungskriege, die Restauration nach dem Wiener Kongress, die Karlsbader Beschlüsse, die Demagogenverfolgung, die Burschenschaftsbewegung. Aber mir geht es in diesem Essay nicht um die Einordnung des Lieds in die Literatur- und Kulturgeschichte, sondern um seine Wirkung, die es heute noch entfaltet und insbesondere um das, was mir dazu einfällt. Wenn dieses Lied eine solche Wirkung haben konnte, so stellt sich die Frage: Inwiefern ist auch der historische Kontext, indem es entstanden ist, aufschlussreich für unsere gegenwärtige Situation? Ich werde hier keine Metatheorie bemühen, etwa Anleihen bei Massenpsychologie und Diskursanalyse oder der modischen Lehre vom Kollektiven Gedächtnis machen, um dieser Frage nachzugehen. Ich werde bei meinen Leisten bleiben und mich mit Fragmenten eigener Nachforschungen und Einfälle begnügen, die in ihrer Zusammensetzung ein anschauliches Mosaik ergeben mögen – oder auch nicht. Es ist kein Puzzle-Spiel mit vorgestanzten Teilen, die man nur richtig zusammensetzen muss, um ein vollständiges Bild zu erhalten.

Vom Wald und den Bäumen

In keinem anderen Land bestimmte das »Waldsterben« so tiefgreifend die öffentliche Debatte wie in (West-)Deutschland. Die Bilder von verdorrten Bäumen, deren Astgerippe in den Himmel ragten, boten einen gruseligen Anblick. Ich erinnere mich an retuschierte Fotos, auf denen anstelle des Schwarzwalds nur noch kahle Berge zu sehen waren. Damit war ein Herzstück deutscher Identität angetastet: der Wald mit seinen Bäumen. Besondere Baumarten werden in vielen Gedichten und Liedern gepriesen. So besitzt die Deutsche Eiche hohen Symbolwert und der Lindenbaum, der am Brunnen vor dem Tore steht, reimt sich bekanntlich auf Traum. Goethes *Erlkönig*, vertont von Franz Schubert, verleiht der Erle eine transzendente Zauberkraft. Der Wald als ebenso verlockende wie gefährliche Welt spielt in deutschen Märchen eine illustre Rolle, man denke etwa an *Hänsel und Gretel* oder *Rotkäppchen*. Einerseits ist der Wald mit seinen Quellen, Bächlein, Pilzen und Beeren, Hirschen und Hasen, seinen Nymphen und Feen Inbegriff der reinen Natur; andererseits, ist er als Ort der Hexen und Räuber, der Wölfe und Bären lebensgefährlich, in dem man sich verirren und vor lauter Bäumen den Wald nicht mehr sehen kann.

Die Bedrohung des Waldes empfanden viele Landsleute im ausgehenden 20. Jahrhundert als Angriff auf die eigene Identität – kündigte sich im »Waldsterben« nicht das eigene Sterben an? Diese Beziehung zum Wald und zu den Bäumen ist bei den Deutschen besonders innig. Die Sängerin Alexandra hat sie 1968 in ihrem Lied »Mein Freund der Baum ist tot« unüberbietbar zum Ausdruck gebracht.[7] Auf lokalpolitischer Ebene fallen heute die ausgefeilten

---

7   https://www.wikiwand.com/de/Mein_Freund,_der_Baum (5.07.2023)

Baumschutzverordnungen auf, basierend auf Baumschutzsatzungen und kontrolliert durch Baumschutzkommissionen. (Dass hier Regularien grundsätzlich sinnvoll sind, möchte ich nicht bezweifeln.) Auffallend ist nicht nur die hohe Sensibilität vieler Bürger, wenn es um die Erhaltung des Baumbestands in ihrer Umgebung geht. Sie reicht weit darüber hinaus. So wird die Abholzung des tropischen Regenwalds vor allem in Brasilien seit vielen Jahren in der Öffentlichkeit mit ökologischen Argumenten angeprangert, wobei die negativen Folgen für Biodiversität und Klima im Vordergrund stehen. Grundsätzliche Veränderungen der Lebensführung werden davon abgeleitet, etwa die Forderung, auf Importfleisch zu verzichten, um Anbauflächen für die Tiermast und damit den Anreiz zur Rodung des Regenwalds zu verringern. »Rettet den Regenwald« ist zu einem etablierten Label einer Umweltorganisation geworden.[8] Das Abholzen wird moralisch angeprangert und alle möglichen Bestrebungen, dem entgegenzuwirken, scheinen geboten zu sein.

Wie sehr sich eine solche Argumentation bei der Schuldfrage verheddern kann, zeigt eine Episode, die im März 2023 zu verzeichnen war. Bundeswirtschaftsminister Robert Habeck wandte sich in Brasilien gegen die Abholzung des Regenwalds und behauptete, dass in Deutschland der Wald schändlicherweise schon ganz verschwunden sei. Er erklärte Bewohnern im Regenwald: »Für uns ist das sehr spannend zu verstehen, wie ihr im Wald leben könnt und den Wald schützen könnt, weil in Deutschland vor tausend Jahren die Deutschen alle Bäume gefällt haben. [...] Macht es besser, als es unsere Vorfahren gemacht haben.«[9] Allerdings ist knapp ein Drittel der Oberfläche Deutschlands bewaldet, woran sich seit Jahrhunderten wenig geändert hat. Damit zählt Deutschland zu den waldreichen Ländern in der Europäischen Union. Habecks Aussage offenbart seine verzerrte Sicht

---

8   https://www.wikiwand.com/de/Rettet_den_Regenwald (22.03.2023)
9   https://www.wikiwand.com/de/Rettet_den_Regenwald (22.03.2023)

auf die Wirklichkeit. Die ideologische Brille ist auf einen raffinierten Schuldkomplex fokussiert, der doppelbödig aufgebaut ist. Zunächst: Die Urwaldbewohner machen sich schuldig, wenn sie die Abholzung des Waldes zulassen. Dann aber der Schuldvergleich: Sie machen sich genau so schuldig, wie die eigenen Vorfahren des Besuchers aus Deutschland, die vor tausend Jahren alle Bäume gefällt hätten. Eine solche Argumentation ist insofern raffiniert, da sie die Hörer mit einem Trick zu überrumpeln versucht: Schaut her, wir selbst – das heißt unsere Vorfahren – haben total Schlimmes begangen, lasst euch das zu Warnung dienen! Der »deutsche Sündenstolz« lässt sich, wie die Episode zeigt, nicht nur im Sinne des Philosophen Hermann Lübbe auf die zwölf Jahre des »Tausendjährigen Reichs« beziehen, sondern auch auf die tausend Jahre davor.

Es gibt eine ideologische Hierarchie der Werte: An der Spitze steht derzeit die »Rettung des Klimas«, wofür der massive Ausbau sogenannter erneuerbarer Energien in Form von Windrädern zwingend notwendig sei, der keine Rücksicht auf Wälder nehmen könne. Angesichts des Hauptziels erscheint die Erhaltung der Wälder von untergeordneter Bedeutung. Selbst große Teile des »deutschen Märchenwalds« in Nordhessen sollen Windrad-Monstern weichen.[10] Auch im lokalpolitischen Mikrokosmos kommt es zu einer Kollision der Werte. Dies sei an einem Beispiel aus Bonn aufgezeigt. Um das Automobil im Nahverkehr zurückzudrängen, setzen die regierenden Ratsfraktionen auf den Ausbau der Radwege. Dem Ausbau eines Radwegs am Rhein mussten eine größere Anzahl von stattlichen Bäumen weichen, ungeachtet vehementer Proteste.[11] Wenn die ideologische Prämisse »Klimaneutralität« Vorrang hat, sind eben CO_2-ausstoßende Fahrzeuge so weit irgend möglich zu reduzieren und die Menschen zum Radfahren zu motivieren. Bäume sind da nur im Weg.

---

10 https://rettet-den-reinhardswald.de/ (18.02.2023)
11 https://www.express.de/nrw/rheinaue-bonn-27-baeume-werden-fuer-radweg-gefaellt-termin-steht-87343?cb=1676729325325 (18.02.2023)

Vor wenigen Jahren entstand im Kottenforst bei Bonn ein beachtliches Naturdenkmal: das Kunstprojekt »Zeitenwende«.[12] Mitten im Wald tut sich ein kahles Areal auf, wo früher Fichten standen, die dem Borkenkäfer und der Trockenheit zum Opfer gefallen waren. Die schnell wachsenden Bäume waren in Monokultur als Nutzwald angepflanzt worden. In riesigen weißen Großbuchstaben am Waldrand im Hintergrund ist ZEITENWENDE zu lesen, hier als Mahnmal gegen Umweltzerstörung und Klimakatastrophe gedacht; mein Foto ist auf dem Buchdeckel zu sehen. Das weite Areal ist mit künstlerischen Exponaten bestückt: Freiluftgemälden, Erklärungstafeln, einer Skulptur »Engel der Kulturen«. An den Stümpfen gestapelter Baumstämme können Passanten auf Merkzetteln ihre Einfälle notiere und an das Holz heften. Inzwischen ist die verfügbare Fläche dicht mit Zetteln bedeckt. Es gibt zwei breite geschwungene Holzliegen unter Bäumen und eine überdachte Sitzbank, von der aus man das Areal in Ruhe überblicken kann. Wie immer man die Erklärungen und Botschaften dieses Kunstprojekts einschätzen mag: Es dokumentiert in meinen Augen vor allem die Liebe zum Wald, die emotionale Verbundenheit zu dieser besonderen Sphäre der Natur.

Das Tiergehege an der Waldau ist ein schwacher Abglanz einstiger Waldesherrlichkeit im Kottenforst bei Bonn. Hier sind durch Zäune drei Tierarten voneinander getrennt: Schwarzwild (Wildschweine), Rotwild (Hirsche) und Damwild (Damhirsche). An die historische Tatsache, dass die Jagd zum Wald gehört, erinnern heute noch manche Namen von Gasthäusern in Waldnähe wie Waldesruh, Waldhäuschen, Waldau, Waldschenke. Eine gelb angestrichene Jagdhütte aus dem 18. Jahrhundert heißt »Jägerhäuschen«, das an einem beliebten Wanderweg liegt. Die hochherrschaftliche Jagd im Kottenforst wurde

---

12 https://ga.de/bonn/hardtberg/kunstprojekt-im-kottenforst-zeigt-negative-auswirkungen-des-klimawandels_aid-51639137 (18.02.2023); https://www.wald-und-holz.nrw.de/aktuelle-meldungen/waldandersdenken-im-kottenforst-bei-bonn (5.07.2023)

vom Kölner Kurfürsten Clemens August etabliert, der in der Mitte des 18. Jahrhunderts ein prächtiges, nicht mehr existentes Jagdschloss in Röttgen erbauen ließ: das Schloss Herzogsfreude (*Joie de Duc*). Die Jagdschneisen, lange schnurgerade Wege, die heute durch den Wald führen und auf das frühere Schloss zuliefen, zeugen von den fürstlichen Vorlieben für »Parforcejagden und Sauhatz«.[13] Sie stellen jetzt beliebte Wege für Fußgänger und Radfahrer dar. Der Familienname Jäger lässt erahnen, wie verbreitet der Beruf des »Waidmanns« einst war, dessen Revier hauptsächlich den Wald betraf und der – oft konterkariert durch seinen Gegenspieler, den Wilderer – in Literatur und Musik eine wichtige Rolle spielt. Die »romantische Oper« *Der Freischütz* von Carl Maria von Weber zeugt davon. Das bekannte Volkslied *Der Jäger aus Kurpfalz* ließ Bundeskanzler Helmut Kohl sogar bei öffentlichen Auftritten gerne spielen oder singen, es gehört zum ehernen Bestand deutschen Liedguts.[14] Auch meine Mutter sang es gerne mit uns Kindern, während sie uns auf dem Klavier begleitete.

Ich bin kein Vergleichender Literaturwissenschaftler oder Kulturanthropologe um beurteilen zu können, welche Bedeutung in nichtdeutschen Sprach- beziehungsweise Kulturräumen Wald und Bäume haben. Ich kann hier allenfalls Vermutungen anstellen. Die Tatsache, dass *»the Waldsterben«* oder *»le Waldsterben«* sich als Fremdwörter in anderen Sprachen eingebürgert haben, lassen eine Befindlichkeit der Deutschen vermuten, die anderswo nicht oder in geringerem Ausmaß zu finden ist. Ihre besonders enge Verbundenheit mit Wald und Bäumen scheint mir offensichtlich. Ich kann sie an mir selbst beobachten. Die beiden großen Eichen im Garten, der ausgedehnte Wald in unmittelbarer Nähe, die frische Waldluft gerade bei Westwind sind mir sehr wichtig. Ist das »typisch deutsch«? Oder

---

13 https://www.kuladig.de/Objektansicht/KLD-273428 (19.02.2023)
14 https://www.wikiwand.com/de/Ein_J%C3%A4ger_aus_Kurpfalz (19.02.2023)

nur typisch für einen, der in einem kleinen Dorf in einer Waldgegend aufgewachsen ist? Der den Wald, der die Berge bedeckte, in seinen Abschattierungen als zusammenfließende Einheit wahrnahm. Die Bergsilhouette, die sich vor dem Horizont abzeichnete und die kleine Welt begrenzte, wurde aus unzähligen Bäumen gebildet, die im Gesamtbild aufgingen. Ich hatte damals den Wald vor Augen, wenn ich im oberen Stockwerk aus dem Fenster sah – und nicht einzelne Bäume. Das alte Sprichwort »Den Wald vor lauter Bäumen nicht sehen« hat mir deshalb immer eingeleuchtet. Mir scheint: Je schärfer Baumsatzungen ausfallen und je eifriger Baumschutzkommissionen zu Werke gehen, umso mehr gerät der Wald aus dem Blick – nicht unähnlich der Situation während der Corona-Krise: Je mehr getestet wurde und je penibler die Hygienevorschriften einzuhalten waren, umso weniger achtete man auf die allgemeinen Lebensverhältnisse und ihren Einfluss auf die Abwehrkräfte des Organismus.

Berliner Hauptstadt-Komplex

Die seit 2017 in mehreren Staffeln ausgestrahlte Fernsehserie *Babylon Berlin* beleuchtet die Endzeit der Weimarer Republik im Schaukasten der deutschen Hauptstadt. Geschichte wird hier zu einem Krimi kondensiert. »Babylon« im Filmtitel hat vermutlich entscheidend zum Publikumserfolg beigetragen. Das Wort ist aufreizend und löst schillernde Assoziationen aus. Zunächst denkt man an »Sündenbabel«, lustvolle Ausschweifungen, kriminelle Machenschaften, moralischen Sumpf. Seit der Reformation gilt »Babylon« als Ort des Teufels oder Antichristen, der Verruchtheit der Papstkirche, als Symbol der Gottlosigkeit. Der »Turmbau zu Babel« ist ein weiteres Bild, das heute noch präsent ist. Es gilt als ein Mahnmal gegen menschliche Hybris, einen Turm bis zum Himmel bauen zu wollen. Sie wird von Gott durch die Sprachverwirrung bestraft, eine Ursache für Nichtverstehen, Uneinigkeit und Krieg. Schließlich sei noch an die Babylonische Gefangenschaft in der jüdischen Geschichte erinnert, der Martin Luther eine Schrift widmete, in der er die katholische Lehre von den sieben Sakramenten in Frage stellte.

Der Ausdruck »Babylon Berlin« signalisiert also die grandiose Monstrosität einer zwielichtigen Hauptstadt in ganz unterschiedlichen Epochen. Zum einen die Hauptstadt eines untergegangen Reiches in der Antike, zum anderen die des untergegangenen Deutschen Reiches im 20. Jahrhundert, das bereits als »Welthauptstadt« imaginiert worden war, wie die Pläne für *Germania* von Albert Speer zeigen.[15] Nach dem Fall der Mauer und der Wiedervereinigung wurde Berlin zur realen Hauptstadt der Bundesrepublik Deutschland gemacht, nachdem sein Ostteil vorher »nur« Hauptstadt der DDR gewesen war. Die Sehnsucht nach alter Größe schlägt sich im neuen Stadtbild nieder: im Wiederaufbau des Stadtschlosses, genauer: der Wiedererrichtung seiner mächtigen Fassaden mit Unmassen von Beton, im neuen Kanzleramt, das an einen Hochbunker erinnert, oder im skandalumwitterten Neubau eines »Hauptstadtflughafens«. Die Hauptstadt soll repräsentativ sein und sich mit anderen wichtigen Metropolen wie London oder Paris messen können. Aber es gibt da gravierende Unterschiede zu anderen Hauptstädten: Keine andere war im 20. Jahrhundert Schauplatz so radikaler Systemwechsel, keine andere erlebte eine so umfassende Zerstörung und keine andere stellte und stellt eine so große Hypothek für das Land dar wie Berlin. Im Gegensatz zu allen anderen Hauptstädten der Europäischen Union schwächt Berlin die Wirtschaftsleistung des eigenen Landes. Es lebt über den Länderfinanzausgleich von den Zuwendungen anderer Bundesländer. So kommt eine Studie des Instituts der deutschen

---

15   https://www.wikiwand.com/de/Welthauptstadt_Germania (24.02.2023)

Wirtschaft (IW) zu EU-Hauptstädten zum Ergebnis: »Nur Berlin zieht die Wirtschaft im Land nach unten«.[16] Diese Tatsache führt jedoch keineswegs zu einem Minderwertigkeitsgefühl der Hauptstädter und ihrer Wortführer, ganz im Gegenteil: Sie finden ihre Metropole großartig – »arm, aber sexy«, so der von Klaus Wowereit geprägte Slogan – und glauben, dass die Provinzler draußen im Lande das nachempfinden können und sie um ihr Hauptstadtleben beneiden. Sie glauben, dass jene Leute aus der Provinz ehrfürchtig aufblicken und selbstverständlich so stolz auf ihre Hauptstadt sind, dass sie gerne für sie zahlen.

Heinrich Mann hat in *Der Untertan* das Aufblicken des Titelhelden zum Kaiser in Berlin, seine grenzenlose Anbetung scheinbar gottähnlicher Machtfülle, beschrieben. In Berlin gewesen zu sein und den Kaiser gesehen zu haben, galt um 1900 als ein touristischer Höhepunkt.[17] Was in London bis in unsere Tage selbstverständlich ist, war 1918 in Berlin endgültig *passé*: das gefeierte Erscheinen der monarchischen Gestalt in der Öffentlichkeit. Freilich gab es noch einmal ein größenwahnsinniges Wetterleuchten während des »Dritten Reichs«, bevor die Tristesse der geteilten Stadt begann. Mit dem Fall der Mauer schien der Bann gebrochen. Endlich, so glaubte man, könne die alte Hauptstadt in neuem Glanz wieder erblühen. Willy Brandt verglich die (*de facto*) Bundeshauptstadt Bonn mit Vichy, das ja auch nicht mehr gebraucht wurde, nachdem Paris befreit worden war. Sein fragwürdiger Satz lautete: »In Frankreich wäre übrigens niemand auf die Idee gekommen, im relativ idyllischen Vichy zu bleiben, als fremde

---

16 https://www.finanzen100.de/finanznachrichten/boerse/studie-zu-eu-hauptstaedten-nur-berlin-zieht-die-wirtschaft-im-land-nach-unten_H209183896_12348651/ (24.02.2023)

17 Es gibt den Ausspruch »In Berlin jewesen, Kaiser jesehn«, woher er stammt, konnte ich nicht ausfindig machen.

Gewalt der Rückkehr in die Hauptstadt an der Seine nicht mehr im Wege stand.«[18]

In der Debatte vor dem Umzugsbeschluss (»Hauptstadtbeschluss«) des Deutschen Bundestags am 20. Juni 1991 verwiesen die Berlin-Befürworter vor allem auf die Notwendigkeit, dass Deutschland wieder seine alte Hauptstadt brauche, um mit Frankreich, England oder Italien mithalten zu können. Ein Hauptargument war auch, dass die Abgeordneten des Bundestags endlich mit der Lebenswirklichkeit der Menschen in Berührung kommen sollten, sozusagen mit der »harten Realität«. Man unterstellte, dass sie in der »Provinzstadt« Bonn am Rhein solche Erfahrungen nicht machen könnten und in einem Luftschloss gefangen blieben. Ironischerweise ist aber gerade dieser Zustand in Berlin sehr viel stärker zu beobachten als das in Bonn je der Fall war.[19] Die »Politikerkaste« mit ihrer Entourage von Medienleuten und Lobbyisten hat es sich in Berlin in einer Blase bequem gemacht, die sie stärker von der übrigen Bevölkerung abhebt als dies in Bonn je der Fall gewesen ist. Der abfällige Ausdruck des »Provinziellen« klebte fest auf dem Image von Bonn wie die Etikette auf einer Weinflasche. Um im Bild zu bleiben: Die Berlin-Befürworter verwiesen lautstark auf diese Etikette, um den edlen Wein in der Flasche madig zu machen. Nur wenigen war bewusst, wie sehr die Verknüpfung des Provinziellen mit der Stadt Bonn und dem Rheinland auf die Nachwirkung historischen Ereignisse beruhte. Nach dem Wiener Kongress war das Rheinland zur preußischen Rheinprovinz geworden, was bis heute seine sprachlichen Spuren hinterlassen hat, nicht zuletzt in Fußballvereinen namens »Borussia«.

---

18 https://www.tagesspiegel.de/berlin/als-berlin-wieder-weltstadt-wurde-3733237.html
    (24.02.2023)
19 Vgl. den Artikel: »Warum Bonn die bessere Hauptstadt wäre …« von Josef Engels in
    WELT+ vom 21.07.2023; https://www.welt.de/kultur/plus246434700/Deutschlands-
    Hauptstadt-Warum-Bonn-die-bessere-Hauptstadt-waere-heute-mehr-denn-je.html
    (26.07.2023)

Woher kam die Skepsis der Rheinländer und insbesondere der Bonner gegenüber Berlin als Hauptstadt des vereinigten Deutschlands, woher rührte die Enttäuschung, ja Verbitterung nach dem Umzugsbeschluss? Und woher kam das Unverständnis und die Häme derjenigen, die nicht begreifen konnten, dass man Berlin nicht selbstverständlich als Hauptstadt anerkennen und bejubeln wollte? Die Presse – wir würden die Blätter heute als Mainstream-Medien bezeichnen – war einhellig der Meinung, dass als Hauptstadt nur Berlin in Frage kommen könne. Die jahrelang – zunächst wöchentlich – durchgeführten Donnerstagsdemonstrationen auf dem Bonner Markt wurden entweder totgeschwiegen oder verächtlich gemacht: »Giftspritzen auf dem Marktplatz« lautete einmal sogar die Überschrift eines Berichts in einer überregionalen Tageszeitung. Woher rührte der Berlin-Enthusiasmus der tonangebenden Politiker und Medien? Merkwürdigerweise entsprach er zu jener Zeit keineswegs einer Mehrheit in der Bevölkerung, denn alle Umfragen im Vorfeld der Bundestagsentscheidung gingen zu Gunsten Bonns aus. Die Bonner Republik garantierte Föderalismus und Wohlstand im Sinne des »Rheinischen Kapitalismus«. Warum sollte die funktionierende Bundeshauptstadt, die sich bewährt hatte, zugunsten der alten Hauptstadt mit all ihren historischen Hypotheken zurücktreten? Denn Berlin hatte als deutsche beziehungsweise teildeutsche Hauptstadt eine fatale Karriere hinter sich. Sie erlebte seit ihrer Geburt 1871 in ziemlich kurzen Abständen den Untergang des jeweiligen politischen Systems, nämlich das Ende des Deutschen Kaiserreichs, das Ende der Weimarer Republik, das Ende des nationalsozialistischen »Großdeutschen Reichs« und schließlich auch das Ende der Deutschen Demokratischen Republik. Diese Untergänge hatten bei allen Unterschieden doch *ein* Merkmal gemeinsam: Sie stellten radikale Umbrüche dar, die von den einen als Befreiung gefeiert und von den anderen als vernichtende Niederlage beklagt wurden. Den Bonn-

Befürwortern nicht nur im Rheinland wollte es nicht in den Kopf, dass man die Bundeshauptstadt ausgerechnet an diesen Ort politischer Zerreißproben und nationalen Scheiterns zurückverlegen wollte.

Ich vermute, dass zwei Strömungen im Gemüt der Deutschen zusammenflossen: zum einen die Sehnsucht nach dem heilen Ende einer unheilvollen Geschichte, nach einem *Happy End* der Tragödie; zum anderen das trotzige Festhalten an jenem Ort, an dem sich wie kein anderer der Untergang Deutschlands in verschiedenen Varianten vollzogen hat. Hätte die erste Strömung überwogen, wäre Bonn Hauptstadt geblieben und die Bonner Republik hätte eine Fortsetzung erfahren. Letztlich aber setzte sich die zweite Strömung durch und riss die erste mit sich fort. Man sehnte sich nicht nur nach dem *Happy End*, sondern wollte es just am Ort der historischen Untergänge zelebrieren: der »Hauptstadt Berlin«. Endlich sollte alles gut und die traumatische Vergangenheit bewältigt werden. Diese Aufgabe widmete man sich mit Gründlichkeit. Denkmäler, Gedenkorte, Museen wurden errichtet, wobei neben dem 12jährigen »Dritten Reich« auch die 40jährige DDR zu berücksichtigen war. Das Holocaust-Mahnmal ragt unter den Zeugnissen der Erinnerungskultur hinsichtlich seiner Größe, Gestaltung und Lage besonders hervor. Als »Denkmal der Schande« wurde es von einem umstrittenen Politiker bezeichnet. Die Deutschen seien das einzige Volk der Welt, das sich ein solches »in das Herz seiner Hauptstadt gepflanzt hat.«[20] Seine skandalösen Ausführungen zur deutschen Erinnerungskultur lösten eine Welle der Empörung aus. Aber hatten sie nicht einen wunden Punkt getroffen? In welcher anderen Hauptstadt gab es ein vergleichbar massives Mahnmal, das an die größten Verbrechen erinnert, die im Namen der betreffenden Nation begangen wurden? Mir fällt keine ein. Nun könnte man einwenden, dass die Verbrechen im Namen des deutschen Volks

---

20 https://www.tagesspiegel.de/politik/gemutszustand-eines-total-besiegten-volkes-5488489.html (26.02.2023)

so unvergleichlich groß gewesen seien, dass sie die aller anderen Völker in den Schatten stellten. Wer ihre Einzigartigkeit und Unvergleichbarkeit hinterfragt, setzt sich unweigerlich dem Verdacht aus, den Nationalsozialismus verharmlosen zu wollen. Der Philosoph Hermann Lübbe prägte den Begriff »Sündenstolz«, der diesen Hang der Deutschen trefflich beschreibt. Er ist in meinen Augen weniger Ausdruck eines Narzissmus, als vielmehr Zeichen eines Masochismus. Ständig schmerzliche Erinnerungen wieder wachrufen, immer wieder von neuem sich wehtun ohne Aussicht auf Erlösung: Sigmund Freud hat diesen psychologischen Mechanismus als Auswirkung des Todestriebs angesehen, der sich von Eros gelöst und nun die Vorherrschaft übernommen hat.[21]

Als Beispiel möchte ich den SPD-Politiker Erhard Eppler zitieren, der nach dem Mauerfall, als sich die Hauptstadtfrage zuspitzte, den schaurig-schönen Satz formulierte: »In Berlin, da reden die Steine, und manche Steine schreien. Ich möchte, dass die, die künftig Deutschland regieren, mit diesen schreienden Steinen konfrontiert werden, jeden Tag.« Seine Vision von den zukünftig Regierenden in Berlin inmitten von schreienden Steinen bringt das masochistische Moment der deutschen Erinnerungskultur auf den Punkt. Freilich ist der Masochismus nicht ganz »jenseits des Lustprinzips« (Freud), sondern im Bereich der Sexualität eine besondere Art des sexuellen Lustgewinns. Analog kann auch die Selbstgeißelung bei religiösen Ritualen zu höchsten Lustgefühlen und zur Ekstase führen.

---

21 Sigmund Freud: *Jenseits des Lustprinzips* (1920);
    https://www.projekt-gutenberg.org/freud/jenseits/jenseits.html (26.02.2023)

Cancel Culture an der Universität

Der Begriff *Cancel Culture* tauchte erst in den späten 2010er-Jahren auf. Er bezeichnet den Ausschluss unliebsamer Meinungen aus dem öffentliche Diskurs, in der Regel verbunden mit einer Diffamierung jener Personen, die sie äußern. Obwohl der Vorgang an Zensur und Unterdrückung der Meinungsfreiheit in früheren Zeiten erinnert, gibt es doch einen gravierenden Unterschied: Bei der *Cancel Culture* sitzt keine zentrale Zensurbehörde am Schalthebel. Die Repression ist subtiler und raffinierter als die grobschlächtigen Maßnahmen eines autoritären oder diktatorischen Regimes. Insofern ist der Begriff aufschlussreich: »Canceln« ist in der Tourismusbranche schon lange ein geläufiger Terminus und bezeichnet die Absage einer gebuchten Leistung, etwa einer geplanten Flugreise. *Culture* (Kultur) als Sammelbegriff hat grundsätzlich eine positive Bedeutung. Wenn man *Cancel Culture* als repressive Zensur begreift, müsste man sie eigentlich als »Unkultur« (*lack of culture*) bezeichnen. Das Wort ist neu, die Sache aber alt. Auf deutschem Boden blühte die *Cancel Culture* in ihrer groben Variante zuletzt in der DDR und es ist kein Wunder, dass frühere DDR-Bürger auf die Behinderung der Meinungsäußerung besonders sensibel reagieren. Immer wieder hört man sie sagen: »Das kennen wir doch alles schon.« Dem entspricht das Etikett »DDR 2.0«, um die politische Diskussionskultur in der heutigen Bundesrepublik zu charakterisieren.

Doch wie wird diese *Cancel Culture* konkret durchgesetzt, wo wir doch in einem demokratischen Rechtsstaat leben und die Meinungsfreiheit vom Grundgesetz garantiert wird? Ein Beispiel mag erhellend sein. Ich schildere es in fiktiv verfremdeter Form – freilich angeregt durch einen realen Streitfall an einer Universität. Mir geht es also nicht um dessen Dokumentation an, sondern um das Sichtbarmachen allgemeiner Mechanismen, deren sich die *Cancel Culture* bedient oder in denen sie befangen ist.

Ein im Ausland lehrender Universitätsprofessor, nennen wir ihn Professor N., wird auf eine Professur für Medienwissenschaft berufen. Das Berufungsverfahren verläuft in Anbetracht der zahlreichen qualifizierten Bewerberinnen und Bewerber schleppend. Obwohl die Philosophische Fakultät aus Gründen der bereits mehrfach angemahnten Gleichstellung endlich eine Frau berufen möchte und auch eine recht erfolgeiche Wissenschaftlerin ins Auge gefasst hat, kann sie sich gegen die Rektorin nicht durchsetzen. Die ist zwar grundsätzlich aus Imagegründen stark daran interessiert, den Frauenanteil im Lehrkörper zu erhöhen. In diesem Fall aber hat sie den Professor N. im Visier, der nicht nur ein Bestsellerautor ist, sondern auch bei Politikern und Medienleuten seit Jahr und Tag ein und aus geht – ein gerngesehener Gast bei Talkshows im Fernsehen. Sie verspricht sich von seiner Popularität und Politiknähe eine noch bessere Sichtbarmachung (*visibility*) der Universität und setzt seine Berufung durch. Nicht dass sie von seiner wissenschaftlichen Leistung besonders beeindruckt wäre: Ihr Interesse gilt der Erzeugung öffentlicher Aufmerksamkeit. So erscheint das erwünschte Pressefoto – umrahmt von einem anpreisenden Artikel – in der Zeitung, das sie selbst neben Professor N. vor ihrer repräsentativen Bücherwand im Dienstzimmer zeigt.

So weit, so gut. Der bisher geradlinig verlaufene Karriereweg von Professor N. erleidet einen ersten Knick während der Corona-Krise: Er tritt in Talkshows alternativer Medien auf, in denen auch Kritiker der staatlichen Maßnahmen zu Wort kommen. Allein das macht ihn verdächtig, vollends aber seine kritischen Einlassungen, die er dann noch mit der Veröffentlichung eines polemischen Buchs unterstreicht.

Von den Rezensenten wird er erwartungsgemäß der Gemeinde der »Querdenker«, »Schwurbler« und »Rechtspopulisten« zugeordnet. Schlimmer als der Inhalt des Buchs selbst ist die Tatsache, dass es von den Verfemten aufgegriffen und positiv gewürdigt wird. Linke Studentengruppen finden die Einlassungen des Professor N. untragbar und kündigen an, dass man ihn zur Rede stellen werde, was eine Störung der Vorlesung oder gar Besetzung des Hörsaals befürchten lässt. Der inkriminierte Professor reagiert auf die Anwürfe nicht, was vom AStA als ungehörig angesehen wird und ihn veranlasst, in einer öffentlichen Erklärung die Entfernung von Professor N. aus der Universität zu fordern. Das Rektorat befürchtet Aufsehen erregende Unruhen, die dem Ansehen der altehrwürdigen Universität schaden würden. Seine Mitglieder folgen dem Vorschlag der Rektorin, eine öffentliche Erklärung abzugeben, worin sie sich von dem umstrittenen Kollegen distanzieren und eine Untersuchung des Falls ankündigen. Man muss auch nicht lange suchen, um einen plausiblen Entlassungsgrund zu finden. Kollegen, die mit seinem glanzvollen medialen Auftreten nicht einverstanden sind (und kaum Aussicht haben, selbst Bestseller zu verfassen wie er) werden fündig. Er hat mehrfach in einer Schriftenreihe Artikel verfasst, die von einem russischen Fachkollegen herausgegeben werden. Das macht ihn höchst verdächtig. Nun machen sich die Kritiker an die Arbeit und suchen nach etwas, womit sie ihn zu Fall bringen können. Man findet Ungenauigkeiten, einige längere Zitate, die nicht als solche kenntlich gemacht und mit einer Quellenangabe versehen sind. Die Jagd hat sich gelohnt, der finale Abschuss (»Plagiat«) ist eine Formsache. Die studentischen Wortführer, die von einer verschwindenden Minderheit gewählt wurden, sind zufriedengestellt, die Rektorin kann sich weiter ihres guten Verhältnisses zum AStA rühmen, die Ordnung ist wieder hergestellt, das exzellente Image der Uni gewahrt.

Hier wollen wir den fiktiven Fall des Professor N. verlassen. Er zeigt zweierlei: Zum einen die Haltlosigkeit der Universitätsleitung, die dem Druck politischer Aktivisten nachgibt, um in erster Linie die Betriebsruhe zu wahren; zum anderen die Abschreckung und Einschüchterung der Professorenschaft, die mit diesem Exempel statuiert wird. Denn es dürfte jetzt allen klar sein: Wer sich zu weit aus dem Fenster lehnt, kann leicht abstürzen. Oberflächlich gesehen geht es um eine ideologische Kontroverse, näher betrachtet handelt es sich eher um Opportunismus. Man geht erwartbaren Problemen aus dem Weg, indem man nachgibt. Wer an den Universitäten ins Visier von organisierten Aktivisten gerät, hat einen schweren Stand. Er kann sich nicht unbedingt auf die klare und tatkräftige Unterstützung aus dem Kreis der Kollegen verlassen oder mit dem unzweideutigen Schutz durch die Universitätsleitung rechnen. Letztere wird eher mit den Aggressoren Lösungen »aushandeln« wollen, als ihnen unmissverständlich die Grenzen aufzuzeigen. Soll man es Mangel an Zivilcourage, Feigheit oder Duckmäusertum nennen? Vielleicht trifft »Opportunismus« diese Haltung am besten, die auf viele »Gutmenschen« zutrifft. Die deutsche Sprache wird im gesellschaftspolitischen Bereich nicht nur durch Anglizismen wie *political correctness* bereichert. Es gibt auch deutsche Neuschöpfungen wie »Gutmensch« (Unwort des Jahres 2015), »Gratismut« (Enzensberger)[22] oder »Sündenstolz der Deutschen« (Hermann Lübbe).

Wie auch immer die Motive der Universitätsleitung im oben dargelegten Fall sein mögen (ich halte den Opportunismus und nicht die ideologische Überzeugung für den entscheidenden Faktor): Ihr Handeln hat zur Folge, dass nicht nur eine einzelne Person abgestraft wird, sondern damit zugleich eine Warnung an alle möglichen Abweichler ergeht. Eine Assoziation drängt sich auf: Im Marxismus-

---

22 https://www.freitag.de/autoren/nils-markwardt/mut-oder-gratismut (1.03.2023)

Leninismus stalinistischer Prägung war der Begriff »Renegat« *en vogue*. Renegaten waren Abtrünnige, Verräter, die damals physisch zu liquidieren waren. Es sei hier an Arthur Koestlers Roman *Sonnenfinsternis* (1940; dt. 1946) erinnert. Die *Cancel Culture* der Gegenwart lässt sich damit sicher nicht vergleichen, gleichwohl kommt sie einem manchmal wie deren Karikatur vor – wie das gespenstische Schattenspiel einer historischen Tragödie, die von einer *Laterna magica* auf die Leinwand unseres Alltags projiziert wird.

Träume im Wolkenkuckucksheim

Deutschland: das Land des urigen Schwarzbrots, des nach Reinheitsgebot gebrauten Biers und der volkstümlichen Märchen. Ich möchte mich Letzteren zuwenden. Wem fallen nicht spontan Grimms Märchen ein, etwa *Schneewittchen*, *Der Wolf und die sieben Geißlein*, *Aschenputtel*? Freilich entfalteten romantische Schriftsteller wie E.T.A. Hoffmann oder Adelbert von Chamisso im frühen 19. Jahrhundert Phantasiewelten, die sich wie Märchen lesen. Die damalige »Romantik« unterschied sich allerdings vom heutigen Verständnis radikal. Sie war mit Naturforschung, Medizin, Philosophie, Kunst und Sprachwissenschaft verbunden. In der heutigen Alltagssprache dagegen bedeutet »romantisch« soviel wie zauberhaft, geheimnisvoll erotisch, wie es etwa in »Romantik-Komödien« dargeboten wird. »Romantisch« kann aber auch pejorativ gemeint sein und bedeutet dann versponnen, abseitig, schwärmerisch. In dieser Stelle soll nicht der Frage nachgegangen werden, inwieweit die deutsche Romantik in der Geistesgeschichte eine Sonderstellung einnimmt oder inwiefern sie sich in die europäische Kulturgeschichte einfügt. Für mich steht außer Zweifel, dass sie mit ihrer naturphilosophischen Ausrichtung eine große Ausstrahlung auf alle Lebensbereiche in Deutschland und darüber hinaus hatte und nicht zuletzt die Wissenschafts- und Medizingeschichte nachhaltig geprägt hat (der Begriff der Nachhaltigkeit wäre hier tatsächlich einmal angebracht). Es ist kein Wunder, dass im ausgehenden 19. Jahrhundert ausgerechnet in Deutschland Naturheilkunde und Lebensreform wie nirgendwo sonst in Massenbewegungen aufblühten. Und es ist auch kein Wunder, dass rund 100 Jahre später eine ökologische Massenbewegung entstand, die in dieser Vehemenz nirgendwo sonst anzutreffen ist – vom Kampf gegen die Atomkraft bis hin zu den Aufsehen erregenden Aktionen zur Klimarettung.

Haben wir es heute mit einer kulturell entwurzelten Romantik zu tun? Mit utopischen Paradiesvorstellungen oder apokalyptischen Untergangsängsten, welche die Realität aus den Augen verloren haben? Religiösen Heilslehren, die keinen Widerspruch dulden? Die Flucht ins Wolkenkuckucksheim, einen Sehnsuchtsort, wo alle Wünsche in Erfüllung gehen? Es wird für alle Beteiligten gefährlich, wenn Utopisten die Bodenhaftung verlieren und wie Heißluftballons abheben. Der Absturz ist dann – wie der des Ikarus in der griechischen Mythologie – vorprogrammiert. Das bekannte Lied *Über den Wolken* von Reinhard Mey ist deshalb so großartig, weil es die Sehnsucht nach dem Sein über den Wolken beschreibt und gleichzeitig auf dem Boden bleibt, bleiben muss. Zunächst beschreibt er, wie die Maschine abhebt, »der Sonne entgegen«:

> *Wie ein Pfeil zieht sie vorbei*
> *Und es dröhnt in meinen Ohren*
> *Und der nasse Asphalt bebt*
> *Wie ein Schleier staubt der Regen*
> *Bis sie abhebt und sie schwebt*
> *Der Sonne entgegen*

Dann die Phantasie, dort oben »über den Wolken«, aller Ängste und Sorgen enthoben, sei das Reich der grenzenlosen Freiheit:

Über den Wolken

Muss die Freiheit wohl grenzenlos sein

Alle Ängste, alle Sorgen

Sagt man

Blieben darunter verborgen

Und schließlich das rüde Aufwachen aus dem Tagtraum, die Konfrontation mit dem banalen Alltag:

In den Pfützen schwimmt Benzin

Schillernd wie ein Regenbogen

Wolken spiegeln sich darin

Ich wär gern mitgeflogen

Die Kunst von Reinhard Mey besteht darin, Himmel und Erde in einer Alltagsszene ineinander übergehen zu lassen und dabei auf dem Boden zu bleiben, wo er in Pfützen einen Abglanz des Himmels sehen kann.

Als Wortschöpfer von »Wolkenkuckucksheim« wird Arthur Schopenhauer genannt, der in seiner Dissertation von 1813 mit diesem Terminus das griechische Wort *nephelokokkygia* (νεφελοκοκκυγια) aus Aristophanes' Komödie *Die Vögel* ins Deutsche übersetzte.[23] In seinem Hauptwerk *Die Welt als Wille und Vorstellung*[24] greift er den Terminus wieder auf, um das inhaltsleere Geschwätz von Philosophen zu brandmarken: »Weil nun also die wirkliche, erkennbare Welt es auch unsern ethischen Betrachtungen, so wenig als den vorhergegangenen, nie an Stoff und Realität fehlen lassen wird; so werden wir nichts weniger nöthig haben, als zu inhaltsleeren, negativen Begriffen unsere Zuflucht zu nehmen, und dann etwan gar uns selbst glauben zu machen, wir sagten etwas, wenn wir, mit hohen

---

23   https://www.wikiwand.com/de/Wolkenkuckucksheim (3.03.2023)
24   Leipzig 1819, S. 390.

Augenbrauen, vom ›Absoluten‹, vom ›Unendlichen‹, vom ›Uebersinnlichen‹, und was dergleichen bloße Negationen mehr sind [...], statt deren man kürzer Wolkenkukuksheim (νεφελοκοκκυγια) sagen könnte, redeten: zugedeckte, leere Schüsseln dieser Art werden wir nicht aufzutischen brauchen.«

Im heutigen Sprachgebrauch bedeutet Wolkenkuckucksheim ein Luftschloss, das sich Menschen ausmalen, die in relativ luxuriösen Verhältnissen leben und sich in ihnen zuhause fühlen. Je abgehobener ihre ideologische Blase – auch im internationalen Maßstab – von der gesellschaftlichen Realität ist, umso mehr halten sie ihr Wolkenkuckucksheim für die Welt. Ein markantes Beispiel ist die begeisterte Begrüßung des Flüchtlingsstroms, der 2015 über die »Balkanroute« im Münchner Hauptbahnhof eintraf.[25] Die Asyl suchenden Migranten, in der Mehrzahl junge Männer, wurden mit Applaus empfangen und mit Geschenken überhäuft, Kinder erhielten Teddybären, wie auf Pressefotos zu sehen. Die Räumlichkeiten waren zu klein, um die gespendeten Gegenstände alle aufzunehmen. Eine Art von kollektivem Helfersyndrom machte sich plötzlich bemerkbar. Wer es wagte, damals kritisch nachzufragen, wurde als Rassist, Ausländerfeind, Rechtsextremer oder gar Nazi angeprangert. Die Politik der offenen Grenzen mit einer unkontrollierten Einwanderung in den Sozialstaat widersprach eklatant den Grundsätzen einer rationalen Migrationspolitik und setzte rechtliche Regelungen außer Kraft – unbegreiflich für den gesunden Menschenverstand.

Der international renommierte Ökonom und Migrationsforscher Sir Paul Collier hatte in seinem Buch *Exodus*, dessen englische Originalausgabe 2013 erschien, bereits *vor* der Migrationskrise von 2015 nachdrücklich auf die Gefahren einer fehlgeleiteten Einwanderungspolitik und die Voraussetzungen für eine gelungene

---

25 https://taz.de/Ankunft-der-Fluechtlinge-in-Muenchen/!5230032/ (1.08.2023)

hingewiesen.[26] Seine Kritik an der Grenzöffnung durch die damalige Bundeskanzlerin Angela Merkel fiel dementsprechend vernichtend aus, wurde aber in Deutschland weitgehend inoriert.[27] Kommen wir auf das Bild vom Wolkenkuckucksheim zurück: Nicht nur weil die Bundeskanzlerin in einem solchen lebte, sondern auch die anderen staatstragenden Parteien, bestärkt durch die gleichgerichteten Medien, kam es zur bis heute fortdauernden Migrationskrise. Die Behauptungen, »wir« lebten doch in einem »reichen Land« und hätten als Deutsche schon aus historischen Gründen die Pflicht, Flüchtlingen Schutz zu gewähren, gipfelte in den epochemachenden drei Worten: »Wir schaffen das!«[28] Dass dieser Slogan – abgesehen von kritischen Einlassungen randständiger »Rechtspopulisten« – unwidersprochen in den Raum gestellt werden konnte, zeigte die wahre Dimension des deutschen Wolkenkuckucksheims: Es entsprach offenbar dem Selbstverständnis der Mehrheit der Bevölkerung, die sich – in bester karitativer Absicht – aus moralischen Gründen in der Pflicht sah. Die Bundeskanzlerin wurde seinerzeit international als Heldin der Humanität gefeiert und die meisten Deutschen sonnten sich in ihrem Glanz. Dieser verstärkte sich noch einmal nach der Wahl des verhassten Donald Trump zum US-Präsidenten. Sie avancierte damals in vielen Medien sogar zur »Führerin der freien Welt« (*leader of the free world*).[29] Man könnte das Faszinosum Angela Merkel vielleicht auch so beschreiben: Sie kannte ihre Pappenheimer, nämlich die geistige Verfassung des Volks, das harmonisch und gemütlich leben wollte und erfüllte seine Sehnsucht nach Ruhe und Kontinuität. Ihre

---

26 *dt.: Exodus: Warum wir Einwanderung neu regeln müssen*, München 2014,
27 https://www.welt.de/wirtschaft/article151603912/Ist-Merkel-schuld-an-Fluechtlingskrise-Wer-sonst.html (4.ß2.2023)
28 https://www.wikiwand.com/de/Wir_schaffen_das (5.03.2023); Angela Merkel auf der Pressekonferenz vom 31.08.2015.
29 https://www.deutschlandfunk.de/nach-der-trump-wahl-angela-merkel-auf-einmal-leader-of-the-100.html (5.03..2023)

Parteianhänger dankten ihr deswegen auf Parteitagen mit nicht enden wollenden *standing ovations.*

Klimarettung im Namen der Wissenschaft

Vor einigen Jahren wurde mir schlagartig klar, dass Wissenschaftler zu religiösen Fanatikern werden können. Dass passiert, wenn sie glauben, im Besitz der einzig gültigen Wahrheit zu sein, die sie nun mit missionarischem Eifer vortragen, um alle anderen – Kollegen, Politiker, die Öffentlichkeit und letztlich sogar den Papst – von dieser Wahrheit zu überzeugen. Beim Abendessen in einer akademischen Gesellschaft saß neben mir ein Wissenschaftler eines renommierten Instituts für Klimaforschung am Tisch. Schräg gegenüber saß ein Kollege, mit dem ich mich schon unmittelbar vor der Zusammenkunft recht locker über die Frage ausgetauscht hatte, ob und inwieweit der menschengemachte CO2-Ausstoß die Erderwärmung verursachen würde. Wir beide waren keine Erdwissenschaftler oder Klimaforscher, hatten aber Zweifel an der monokausalen Modellvorstellung, die zur offiziellen Lesart geworden war. Wir wandten uns an den Klimaforscher mit der provokanten Frage, ob es denn wirklich »wissenschaftlich« bewiesen sei, was die vorherrschende Lehre besage. Wahrscheinlich erschien unsere Art der Gesprächsführung nach einem oder zwei Glas Wein dem Klimaforscher zu flapsig, zu unernst. Er explodierte: Wie könne man nur so ignorant sein und an einer solchen Tatsache zweifeln? Er war außer sich und schaute uns entsetzt, ja verzweifelt an. Mein Kollege und ich wechselten sofort das Thema, um ihn zur Ruhe kommen zu lassen. Wir hatten hier einen Menschen in seinem tiefsten Glaubenskern getroffen.

Fanatisch Gläubige, »Sektierer« oder »Schwärmer«, wie sie früher einmal hießen, zeichnen sich vor allem durch ihre Humorlosigkeit aus. Wer glaubt, im Besitz der absoluten Wahrheit zu sein, muss alles und alle bekämpfen, die sie in Frage stellen. Kein Augenzwinkern, kein Lächeln kann die unversöhnliche Spannung auflösen. So gibt es unauffällige, aber zuverlässige Signale, an dem sich die »Ungläubigen« gegenseitig erkennen. Etwa wenn jemand bei allzu pathetischen Worten eines Festredners – für andere in unmittelbarer Umgebung sichtbar – die Augenbrauen hochzieht oder zu lächeln anfängt, das erwidert wird. Die kognitive Dissonanz, von der die Psychologie spricht, wird somit zu einer gemeinsamen Wahrnehmung und schafft eine stumme Gegenwelt, eine Art oppositionelle Konsonanz.

Vortragsveranstaltungen, Symposien, Gruppensitzungen sind durchzogen von »oppositioneller Konsonanz«. Sie sind nicht die Ausnahme, sondern die Regel. In diktatorischen Systemen kann die Bevölkerung eines ganzen Landes betroffen sein. Unterhalb des Radars der staatlichen Repression entwickelt sich dann eine Kultur des verdeckten Sich-Verstehens. Es hat seinen guten Grund, warum frühere Bewohner der DDR besonders allergisch gegen Auswüchse der *Cancel Culture* in Deutschland reagieren.

Über Greta Thunberg und die Bewegung *Fridays for Future* gibt es in den Medien unzählige Berichte. Dass junge Menschen die Welt verbessern, wenn nicht retten wollen, ist normal, und ebenso, dass sie lauthals protestieren und dabei mitunter gegen Gesetze verstoßen. Welche konkreten Formen solche Bewegungen annehmen können, hat die 68er Studentenrevolte gezeigt. Neu und überraschend ist aber die Unterstützung von *Fridays for Future* und ähnlichen Gruppierungen durch Politik und Medien. Ihre Zielsetzung erfährt Lob und Anerkennung. Besonders neuartig und eklatant aber ist ihr Schulterschluss mit »der« Wissenschaft. *»Follow the science«* ist zu einem Schlachtruf geworden und scheint alle möglichen Aktionen zu rechtfertigen. Im Verlauf der 2010er-Jahre kam es zu einer merkwürdigen Allianz der ökologischen Bewegung zur Klimarettung mit »der« Wissenschaft. Es handelte sich keineswegs nur um eine einseitige Liebeserklärung. Auch »die« Wissenschaft liebäugelte vielfach mit den Klimarettern auf der Straße. Denn deren Forderungen standen im Einklang mit dem Bemühen bestimmter wissenschaftlicher Einrichtungen, die Bedeutung ihrer aktuellen Forschung für das Allgemeinwohl zu reklamieren. So rückten wissenschaftliche Disziplinen, die bisher in der öffentlichen Wahrnehmung eher ein Schattendasein fristeten wie beispielsweise die Klima- oder Energieforschung ins Rampenlicht von Politik und Medien. Die ideologische Aufbruchstimmung schwoll über die Jahre zu einem gewaltigen Strom an, dem sich kein Hindernis mehr in den Weg stellen konnte. Und gegen den Strom zu schwimmen schien aussichtslos. »Energiewende«, »Nachhaltigkeit«, »Klimaneutralität« wurden zu unverzichtbaren Schlüsselwörtern, die bei keinem Forschungsantrag, keiner Pressmitteilung, keiner Imagekampagne wofür auch immer fehlen durften. Jeder Zweifel an ihrer Stichhaltigkeit schien überflüssig zu sein, da ja die Sachverhalte wissenschaftlich absolut geklärt seien. Wer wollte sich schon als »Klimaleugner« in die Schmuddelecke stellen lassen und in den Geruch eines potenziellen Staatsfeindes kommen? Für Zweifler waren schwere Zeiten angebrochen. Sie taten gut daran, ihre Zweifel für sich zu behalten, wenn sie nicht zu Schaden kommen wollten – Ungläubige eben, die ihren Unglauben inmitten der Schar der Gläubigen tunlichst zu verschweigen hatten. Doch dieses Bild trügt. Mit dem Glauben vieler scheinbar Gläubigen war es nicht so weit her. Auch sie waren vom Zweifel angenagt, beugten sich aber der herrschenden Macht, der zu widersprechen Schwierigkeiten mit sich bringen konnte.

Ich erinnere mich an ein hochkarätiges Treffen von Akademikern anlässlich eines Vortrags über den anthropogenen Klimawandel und die fatale Rolle der CO2-Emissionen. Ich stieß, als der Redner gerade die Apokalypse beschwor, meinen Sitznachbarn an und flüsterte ihm zu: »Glauben Sie das mit dem CO2 ?« Der reagierte freundlich, grinste und flüsterte zurück: »Überhaupt nicht!« Hätte man in diesem Augenblick eine Blitzumfrage im Auditorium durchführen können, wäre vermutlich die Mehrheit derselben Meinung gewesen. Aber niemand wurde gefragt, auch nach Ende des Vortrags gab es keine Rückfragen. Wer hätte auch die Courage gehabt, die scheinbar einvernehmliche Stimmung im Saal stören zu wollen, zumal das Buffet im Foyer schon aufgebaut war und das Abendessen wartete.

In der immer brisanter werdenden Gemengelage um die Klimarettung hat *eine* Branche entscheidende Bedeutung erlangt: die Politikberatung nach dem Vorbild der Unternehmensberatung, wie sie sich im 20. Jahrhundert entwickelt hat. Die »wissenschaftsbasierte Politikberatung« soll den politischen Entscheidungsträgern die für ihre Arbeit relevanten Sachverhalte darlegen, womit sie ihr Handeln legitimieren können. Am Beispiel der *Leopoldina*, seit 2008 *Nationale Akademie der Wissenschaften Deutschlands*, kann ich die Problematik dieser Art von Politikberatung aus eigener Erfahrung kurz aufzeigen. Die Stellungnahmen zu aktuellen politischen Fragestellungen fanden zum Teil breite Resonanz in den Medien und hatten erheblichen Einfluss auf die politischen Entscheidungsträger (*policy makers*).[30] Allerdings stellt sich die Frage nach dem angemessenen Verhältnis von Politiknähe und Politikferne: Inwieweit können Wissenschaftler eindeutige Empfehlungen zu tagespolitischen Fragen im Namen der Wissenschaft abgeben? Diese lebt vom ständigen Infragestellen gegenwärtigen Wissens. Wie vermeidet man die Ausblendung kontroverser Auffassungen, Bedenken, Einwände, wenn man zu eindeutigen Empfehlungen gelangen will oder soll?

---

30 https://www.leopoldina.org/publikationen/stellungnahmen/ (6.03.2023)

Anfang März 2023 veröffentlichte die Leopoldina das Diskussionspapier *Den kritischen Zeitpunkt nicht verpassen: Leitideen für die Transformation des Energiesystems.*[31] Die ersten Sätze lauten: *»Der kritische Zeitpunkt, an dem Deutschland und Europa die Voraussetzungen für eine Erreichung der Pariser Klimaziele schaffen können, ist bald verstrichen. Zentraler Hebel für Klimaneutralität ist die Transformation des Energiesystems und die Bereitstellung von Technologien, die dies auch weltweit ermöglichen.«* Weiter unten ist zu lesen: *»Es ist unerlässlich, wirksame Anreize und Vorgaben für eine effizientere Energienutzung zu verstärken bzw. neu zu schaffen. Weiterhin ist der Ausbau der erneuerbaren Energien schnell und mit oberster Priorität voranzutreiben.«* Sind die Pariser Klimaziele wissenschaftlich so über alle Zweifel erhaben wie das Gravitationsgesetz von Newton? Lassen sie sich überhaupt wissenschaftlich-rational zweifelsfrei begründen? Es gibt namhafte Wissenschaftler, die dem widersprechen. Ähnlich verhält es sich beim Ausbau erneuerbarer Energien, der »mit oberster Priorität« voranzutreiben sei. Auch hier gibt es, nicht zuletzt von renommierten Physikern, Zweifel an der energetischen Effizienz – abgesehen von gravierenden Umweltschäden durch die massenhafte Errichtung von Windrädern. Wie kommt eine solche Stellungnahme mit konkreten Empfehlungen für die Politik zustande? Nur in einem Kreis von Experten mit gleichgerichteten Einstellungen und Interessen, genauer gesagt: in einem Kreis, in dem niemand den Wortführern zu widersprechen wagt. Auch und gerade in elitären Zirkeln zeigt sich das Phänomen des Mitläufertums. Repräsentieren sie aber »die« Wissenschaft schlechthin? Die in öffentlichen Erklärungen zur Schau gestellte Selbstgewissheit der betreffenden Wissenschaftler erweckt den Anschein. Ausschlaggebend aber ist die Tatsache, dass Politik und

---

31   https://www.leopoldina.org/publikationen/detailansicht/publication/leitideen-fuer-die-transformation-des-energiesystems-2023/ (6.03.2023)

Medien ihnen zubilligen, im Namen der Wissenschaft Handlungsempfehlungen für die politischen Entscheidungsträger zu formulieren. Die Frage, inwieweit die Gesellschaft der »Stimme der Wissenschaft« als maßgeblicher Autorität bei politischen Grundsatzfragen vertraut, ist schwer zu beantworten. Klar ist lediglich, dass die Politik ihre Entscheidungen bei Bedarf mit wissenschaftlichen Stellungnahmen legitimiert. Das Letztere völlig unabhängig und frei erstellt werden, ist eine Illusion, wie das oben zitierte Diskussionspapier zeigt. Denn es geht von einer bestimmten politischen Zielvorgabe (Pariser Klimaabkommen) aus und leitet davon alle notwendigen Schritte ab, die zu diesem Ziel führen. Die Rationalität der Zielvorgabe selbst steht außer Frage. Kritische Einwände, auch wenn sie von herausragenden Forschern vorgebracht werden, erscheinen als nicht diskussionswürdig, als gegenstandslos, da die endgültige Wahrheit bereits zweifelsfrei feststehe.

Boiling Frog Syndrome

In politischen Debatten wird hin und wieder das *Boiling Frog Syndrome* als Metapher bemüht, um die langsame Gewöhnung von Menschen an stetig sich verschlimmernde Zustände zu schildern, bis sie ihnen nicht mehr entrinnen können. In *Wikiwand* (*The world's leading Wikipedia reader*) wird »boiling frog« definiert als *»Metaphor for the inability of people to properly react to significant changes that occur gradually«.*[32] Zu diesem Begriff gibt es in Wikiwand einen Artikel in 25 Sprachen, von Arabisch bis Ukrainisch. Es ist erstaunlich, dass keiner auf Deutsch vorliegt, obwohl das ursprüngliche Frosch-Experiment angeblich von einem deutschen Physiologen durchgeführt

---

32   https://www.wikiwand.com/en/Boiling_frog (8.03.2023)

und beschrieben wurde, nämlich Friedrich Goltz (1834-1902). Dessen Schrift über die Nervenzentren des Frosches von 1869 ist für die tierexperimentelle physiologische Forschung jener Zeit typisch.[33] Übrigens habe ich als Medizinstudent im Physiologie-Praktikum in Heidelberg noch in den 1960er Jahren klassische Froschexperimente erlebt. Kursteilnehmer hatten mit großen Scheren die Tiere zu »dekapitieren«, wie man das Kopfabschneiden damals nannte (ein Geschäft, was ich gerne anderen überließ), bevor die Reflexe ausgelöst wurden.

Es lohnt sich, dem Ursprung von wissenschaftlichen Mythen nachzugehen. Es stellt sich nämlich heraus, dass Goltz' Experimente wenig mit der Metaphorik des *boiling frog syndrome* zu tun haben. Ihn interessierte der »Sitz der Seele des Frosches«. Er vermutete ihn im Gehirn, da ein enthaupteter Frosch in einem Wasserbad bei mehrmaliger Erhöhung der Wassertemperatur starr sitzenblieb, während eine geblendeter Frosch ab einer Temperatur von 35 Grad »plötzlich mit einem kräftigen Satz« aus dem Behälter sprang. Nach stetiger Erhöhung der Temperatur sprang er noch sechs Mal aus dem Wasser und starb mit »tetanischen Krämpfen« bei einer Temperatur von 43,5 Grad, während der geköpfte (»enthirnte«) Frosch regungslos sitzenblieb und mit einer Muskelstarre verendete. Goltz zog daraus den Schluss: *»Das Gehirn scheint das ausschließliche Organ der Seele zu sein. Alle Bewegungen des hirnlosen Thieres lassen sich auf einfache reflectorische Vorgänge zurückführen.«*[34] Damit war für ihn der Nachweis erbracht, dass die »Seele des Frosches« im Gehirn sitze, der nur vermittels dieser könne er Empfindungen haben und darauf

---

33 Friedrich Goltz: *Beiträge zur Lehre von den Functionen des Nervensystems des Frosches,* Berlin: August Hirschwald, 1869; online: https://schottsprivatelibrary.wordpress.com/2023/03/10/friedrich-goltz-beitrage-zur-lehre-von-den-functionen-der-nervencentren-des-frosches-1869/ (1.08.2023)
34 Vgl. Fußnote 33.

reagieren. Dass ein Frosch ohne Gehirn nicht aus dem erhitzen Wasser springe zeige, dass er seelenlos sei, ein physiologischer Reflexapparat.

Goltz' Befunde regten im 19. Jahrhundert andere Forscher zu ähnlichen Experimenten an. Sie kamen zu unterschiedlichen Ergebnissen, ohne das Phänomen grundsätzlich in Frage zu stellen. Erst in jüngster Zeit erklärten Biologen, dass es sich beim *boiling frog syndrome* um eine wissenschaftlich nicht haltbare Legende handle (*»bullshit«*).[35] Ob dem tatsächlich so ist, sei dahingestellt. Jedenfalls halte ich die Metapher für aufschlussreich. Sie spiegelt meine Erfahrungen wider, die ich – vor dem Hintergrund der vergangenen Bonner Republik – im Deutschland des 21. Jahrhunderts mache. Man kann nicht dauerhaft verleugnen, was die eigenen Augen sehen und die eigenen Ohren hören. Ich gehe also von meiner kleinen Welt aus, in der auch die große ein Stückchen enthalten sein dürfte.

Täglich bin ich, wie alle anderen, sofern sie nicht krank sind, auf Straßen unterwegs – zu Fuß, auf dem Fahrrad oder im Auto. Ich weiß nicht mehr, wann ich anfing zu sagen: »Mensch, diese Schlaglöcher, das ist ja wie in der DDR«. Ich kann mich nicht mehr erinnern, worauf diese Einschätzung konkret beruhte, irgendwann muss ich dort mal mit meinem VW auf holprigen Straßen herumgekurvt sein. Zunächst war ein Schlagloch auf einer normalen Landstraße der Bundesrepublik fast eine Sensation. Man rief die Polizei an und meldete den Schaden, der schnell geflickt wurde. Geflickte Stellen auf asphaltierten Straßen waren selten. Man konnte dann sehen, wo einmal ein Rohrbruch passiert oder ein neuer Abwasserkanal angelegt worden war. Doch allmählich mehrten sich die Straßenschäden, man gewöhnte sich an sie, sie gehörten zur alltäglichen Erfahrung. Manche Straßen glichen einem asphaltierten Flickenteppich mit unregelmäßig gewelltem Profil, der vor allem für Radfahrer eine vitale Herausforderung

---

35 https://www.fastcompany.com/26455/next-time-what-say-we-boil-consultant
    (8.03.2023)

darstellte. (In diesem Falle wäre sogar das gendergerechte Gerundium »Radfahrende« zutreffend.) Ich radle seit Jahren täglich auf einem kurzen Stück einer Durchgangsstraße mit regem Autoverkehr. Es gab eine Zeit, als ich mich über den holprigen Straßenbelag ärgerte, der mich zwang, an bestimmten Stellen auf die Straßenmitte auszuweichen. Inzwischen denke ich mir nichts mehr dabei, der Zustand ist mir zur Zweiten Natur geworden, gemäß dem Ausspruch: »Man gewöhnt sich an alles.«

Zurück zum *boiling frog*. In der Nachkriegszeit, als das Wirtschaftswunder die schmerzlichen Kriegserinnerungen wohl eher betäubte als tatsächlich vergessen ließ, wurden »Fremdarbeiter«, die man rasch als »Gastarbeiter« bezeichnete, angeworben: aus Italien, der Türkei, Griechenland. (Auf die Situation in der DDR und deren spezielle Gastarbeiter-Politik kann hier nicht eingegangen werden.) Mit ihnen kamen auch andere Esskulturen ins Land, die eine willkommene Abwechslung zur deutschen Küche boten. Pizza und Pasta neben Sauerkraut und Bratkartoffeln, Döner und Schafskäse mit Oliven neben Currywurst mit »Pommes« und Ketchup. Dass ein, zwei Jahrzehnte zuvor viele Millionen Ausländer als Zwangsarbeiter in Deutschland tätig waren, sollte erst Jahrzehnte später Gegenstand öffentlicher Debatten über die brisante Frage der Entschädigung werden.

Doch diese Epoche der Nachkriegszeit und des Wirtschaftswunders liegt ein halbes Jahrhundert zurück. Seither hat die Zuwanderung nach und nach die Gesellschaft weitgehend verändert, sie ist »bunter« geworden, wie diesbezüglich ein beliebtes Adjektiv besagt. Nach dem Zusammenbruch der Sowjetunion kam es zur Einwanderung von Hunderttausenden von »Russlanddeutschen« insbesondere aus Kasachstan, wohin sie von Stalin zwangsweise umgesiedelt worden waren. Wegen der Balkankriege im letzten Jahrzehnt des 20. Jahrhunderts flohen Hunderttausende nach Deutschland. Im übrigen gab es unabhängig davon einen ständigen Zustrom von Asylbewerbern (Flüchtlinge, Geflüchtete, Schutzsuchende, Migranten) aus außereuropäischen Ländern. In der Flüchtlingskrise im Sommer 2015 entschied Bundeskanzlerin Angela Merkel gemäß ihrer Losung: »Wir schaffen das!«, die Grenzen offenzulassen. Seither sind im Laufe der Jahre einige Millionen Flüchtlinge oder Migranten in Deutschland aufgenommen worden.

Auf die Diskussion über Ausländerkriminalität, Clanbildungen, Parallelgesellschaften, islamistisch motivierte Terrorakte, Scharia-Gesetzgebung, Kinderehen, Genitalverstümmlung von Mädchen etc. soll hier nicht eingegangen werden. Jedenfalls hat die voluntaristische Formel »Wir schaffen das!«, die vor Jahren von der Mehrheitsgesellschaft bejaht wurde, längst ihre Zauberkraft verloren. Wenn ich mich in meinem Umfeld umschaue, hat sich die Mitwelt im Laufe der Jahre drastisch verwandelt. In den Innenstädten, insbesondere in Bahnhofsnähe, unterhalten sich die meisten Leute in Sprachen, die man nicht versteht. Junge Männer mit »südländischem« Aussehen laufen in Gruppen froh und munter herum. Ist es rassistisch, wenn man sich eingesteht, dass man ihnen nicht in einer einsamen Straße begegnen möchte? Ist es pathologisch, wenn man sich scheut, nachts alleine durch einen Park zu gehen, wenn man weiß, dass hier immer wieder Überfälle passieren? Ist es Ausdruck einer Angstneurose, wenn sich Frauen in der Dunkelheit nicht mehr alleine aus dem Haus trauen? Ist es islamophob, wenn einem der Anblick von voll verschleierten und mit schwarzen Gewändern umhüllte Gestalten oder die Zunahme von Kopftuch tragenden jungen Studentinnen nicht behagt?

Ich beobachte auf der Straße, im Bus oder im Supermarkt, dass vielen Landsleuten ähnliche Gedanken durch den Kopf gehen. Blicke begegnen sich, man bleibt stumm. Was sollte man auch noch sagen? Die Dinge sind, wie sie sind und die Metapher vom *boiling frog* scheint die Lage zu treffen. Wir haben uns allmählich an sie gewöhnt. Aber wie das reale physiologische Experiment (angeblich) gezeigt hat: Der Frosch, sofern er noch sein Gehirn hat, springt irgendwann aus dem Topf. So ergibt sich die Frage, wann die Menschen, das Volk, die Bevölkerung herausspringt. (Sofern man davon ausgeht, dass sie nicht tatsächlich »hirnamputiert« sind.) Die führenden Eliten wären also auf nationaler wie internationaler Ebene gut beraten, die Temperatur des dissonanten sozialen Klimas nicht zu schnell oder zu stark zu erhitzen. Wie ein Sprung aus dem Topf aussehen kann, haben die Ereignisse von 1933 in Deutschland gezeigt. Sie hatte ihre von Menschen gemachten historischen Voraussetzungen und waren kein Naturereignis. Wenn wir dies bedenken, scheint die metaphorische Verwendung des *boiling frog syndrome* letztlich irreführend zu sein. Denn sie suggeriert, dass bei allmählicher Verschlechterung der Lebensumstände ein Punkt erreicht sei, von dem an keine Fluchtbewegung mehr möglich sei. Die Geschichte zeigt aber, dass aus unvorhersehbaren Gründen Revolutionen, Umstürze, Zusammenbrüche, Kriege geschehen können. Oder um im Bild zu bleiben: Dass eine »Enthirnung« wie im oben erwähnten Froschexperiment nicht möglich ist. Die Ausschaltung des kritischen Bewusstseins durch propagandistische Massenhypnose mag zeitweise gelingen, bleibt jedoch eine labile Angelegenheit. Denn eingeschläferte Massen können gewissermaßen böse »erwachen«.

Der Müll und die Ratten

»In Köln leben bis zu zwölf Millionen Ratten« – so ist ein Zeitungsbericht überschrieben.[36] Das wären rund ein Dutzend mal mehr Ratten als menschliche Stadtbewohner. Als ich vor Jahren einmal

---

36 https://www.ksta.de/koeln/nagetierplage-in-koeln-leben-bis-zu-zwoelf-millionen-ratten-362099 (12.03.2023)

in der Abenddämmerung über die Kölner Domplatte lief, sah ich einige Tiere vorbeihuschen, die rasch wieder in ihren Schlupflöchern verschwanden. Eine leichte Übelkeit überkam mich, kein Schreck und kein Brechreiz, sondern ein assoziatives Schaudern. Denn mir fiel ein, dass einst das Erscheinen von Ratten eine herannahende Pest anzeigte, insbesondere tote Ratten im Sichtfeld von Passanten, wie es Albert Camus am Anfang seines Romans *Die Pest* schildert. Als ich eine tote Ratte im Fußgängerbereich der Innenstadt von Bonn mitten auf einem belebten Durchgangsweg sah, scheinbar unbeachtet von den Passanten, flog mich wieder diese leichte Übelkeit an. Ratten oder Mäuse sind nicht *per se* widerwärtige, ekelhafte Nagetiere. Es gibt Menschen, die sie als Haustiere, ja sogar als persönliche Begleiter pflegen und lieben, ein Verhalten, das man bei Hundehaltern gegenüber ihren Hunden für selbstverständlich hält. In dem Spielfilm *The Green Line* (1999) wird die emotionale Beziehung eines Zuchthaushäftlings zu seiner Maus auf anrührende Weise dargestellt.[37]

Was ich jedoch für abstoßend (*disgusting*, um es zeitgemäß auszudrücken) halte, ist der Zusammenhang von Rattenplage und Vermüllung in größeren Städten. Ich kann und will mich nicht auf wissenschaftliche Studien beziehen, sondern meinen eigenen Augen trauen. Die zunehmende Verwahrlosung des öffentliche Raums ist offenkundig. Abfälle aller Art in Gebüschen, überquellende Papierkörbe mit Essensresten, Papier- und Plastikverpackungen am Straßenrand, seit der Corona-Krise überall Gesichtsmasken, die den Menschen offenbar haufenweise aus den Taschen fallen. Zigarettenkippen und Kaugummi dekorieren flächendeckend die Gehwege. Passend dazu sind die zahllosen Schmierereien auf Hauswänden und Telefonkästen, die in der Regel keine künstlerische Qualität aufweisen. Kunst kann sich auch dem Thema der Zerstörung zuwenden und mag dann auf Störung angelegt sein, ist aber niemals

---

37   https://www.wikiwand.com/en/The%20Green%20Mile%20(film) (13.03.2023)

selbst ein Akt der Zerstörung. Die Vermüllung betrifft aber nicht nur die hygienischen Standards der öffentlichen Gesundheit, sondern mindestens ebenso stark die ästhetischen der alltäglichen Lebenswelt. Wenn in Leserbriefen immer wieder der abstoßende Charakter einer Innenstadt beklagt wird, so ist hierfür nicht eine abstrakte Statistik wie etwa die geschätzte Anzahl von Ratten maßgebend, sondern das unmittelbare Lebensgefühl, das sich in einer bestimmten Umgebung einstellt.

Es gibt inmitten der Unwirtlichkeit einer Stadt auch Oasen. So kann ein Botanischer Garten als ein Refugium erlebt werden: Keine Glasscherben, kein Müll und schon gar keine Mülleimer, gepflegte Pflanzenbeete, viele bequeme Holzbänke und sogar saubere, geheizte Toiletten, denen man es ansieht, dass sie regelmäßig gewartet werden. Das entscheidende Ingredienz eines solchen Ortes ist aber das geistige Aroma, das er ausströmt. Man schnuppert seine Geschichte, die wohin man schaut ihre Spuren hinterlassen hat. Wenn man Besucher dieser Anlage, die während der Öffnungszeiten frei zugänglich ist, beobachtet, fällt ein bestimmtes Verhalten auf, das ich mit Ehrfurcht und Dankbarkeit umschreiben möchte. Auch wenn man mit den wissenschaftlichen Bezeichnungen auf den zahllosen Schildchen kaum etwas anzufangen weiß, womit die einzelnen Pflanzen, Bäume und Sträucher etikettiert sind, so stellt sich doch ein demütiges Staunen ein. Vielleicht ist es am ehesten vergleichbar mit dem Staunen von Besuchern einer Barockkirche, denen die religiösen Wandmalereien und Skulpturen fremd sind und die gleichwohl eine Ehrfurcht vor den Zeugnissen einer vergangenen Kulturepoche empfinden.

Der Ruf nach regelmäßiger Leerung von Abfallkörben, effektiver Straßenreinigung und zuverlässiger Pflege von Grünanlagen ist verständlich. Die Bekämpfung der Rattenplage wird als Aufgabe des öffentlichen Gesundheitsschutzes angesehen, Behörden erlassen Verordnungen, professionelle Kammerjäger bieten ihre Dienste an.

Doch geht es wirklich nur um eine perfekte Müllvermeidung beziehungsweise -entsorgung und eine Dezimierung der Rattenpopulation? Müssen nur Müllwerker und Rattenvernichter zu Werke gehen, um die beklagten Missstände zu beheben? Oberflächlich betrachtet: Ja! Doch materielle Sauberkeit ist noch lange kein Gradmesser für geistige Integrität. Ist Letztere aber nicht insgeheim die Triebfeder für alles Bemühen, um Erstere herzustellen? Lassen sich beide Dimensionen überhaupt scharf voneinander abgrenzen? Die Reinigung des Körpers hat, so will mir scheinen, immer auch einen gewissen, kaum objektivierbaren spirituellen Faktor. Nicht anders kann ich mir das inbrünstige Abseifen unter der Dusche erklären, wie man es in einer Sauna beobachten kann, womit die meisten ihr Schwitzritual abschließen. Das Verhalten ist rational (»wissenschaftlich«) nicht zu begründen. Im Gegenteil: Es schädigt die Schicht des natürlichen Hautfetts und ist ohnehin nach vorangegangenen Saunagängen mit nachfolgendem Abduschen aus hygienischer Sicht überflüssig. Woher rührt nun dieses Bedürfnis der finalen Endreinigung? Warum besuchen Menschen überhaupt eine Sauna? Es mag da verschiedene Motive geben, aber *ein* Argument dürfte kaum fehlen: Man würde durch das Schwitzen seinen Körper, insbesondere das Herzkreislaufsystem trainieren (»abhärten« im Kneipp'schen Sprachgebrauch). Doch das Schwitzen hat auch eine spirituelle Bedeutung. Von alters her war es mit der Vorstellung vom Ausschwitzen des Bösen verbunden, seien es krankmachende Dämonen oder Gifte, Keime, die noch in der frühen Neuzeit nicht klar voneinander getrennt wurden. Schwitzkuren sind in der Naturheilkunde bis heute populär. Doch das Ausschwitzen des Bösen ist aus kulturhistorischer Sicht nicht weniger rational als das Trainieren des Herzkreislaufsystems. Es erscheint allerdings dann als irrational, wenn man dem »Bösen« die Wirklichkeit abspricht und es als ein bloßes Relikt des Volksaberglaubens ansieht.

Doch kommen wir noch einmal zurück auf den Müll und die Ratten. In den letzten Jahrzehnten hat sich der Begriff der Entsorgung etabliert. Etwas, was uns Sorge bereitet, soll weggeschafft, »entsorgt« werden. »Aus den Augen, aus dem Sinn«. Was wir aus den Augen verlieren, berührt uns nicht weiter, geht uns nichts mehr an. Aber die Dinge lösen sich ja nicht in Nichts auf, werden nur verschoben – möglich weit weg von uns selbst. Das schafft die Voraussetzung, um es zu vergessen oder zu verdrängen, wie die Psychoanalyse sagt. Die Geschichte (und Vorgeschichte) des WC (*water closet*) veranschaulicht diesen Vorgang des Verschiebens. Die Fäkalien werden vom Ort ihrer Produktion über ausgedehnte Kanalsysteme zu Kläranlagen weggespült – eine großartige technische Errungenschaft. Sie verführt aber dazu, die schlichte *conditio humana* zu vergessen, dass der Mensch ein unablässig von seiner Notdurft geplagtes (letztlich erbärmliches) Wesen ist, was seiner Eitelkeit und Größenphantasie widerspricht. Das wohl am häufigsten gebrauchte Schimpfwort (»A****loch«) erinnert an diesen Umstand.

Als Kind der Nachkriegszeit habe ich noch auf dem Dorf die Situation vor Einführung der kommunalen Müllabfuhr und der Abwasserkanalisation erlebt. Der Menge des Abfalls hielt sich damals, als man noch die Milch abends mit einer Kanne vom Milchhäuschen abholte und der Zucker im Kramladen per Holzlöffel in eine Papiertüte eingefüllt wurde, sehr in Grenzen. Selbstverständlich gab es damals schon Konservendosen und Waschmittelkartons, die zu entsorgen waren (aber wie gesagt gab es damals "Entsorgung" als Begriff noch nicht). Das ortsübliche Verfahren war, bei Bedarf den Abfall auf einen Handwagen zu laden und zum nahegelegenen alten Steinbruch (»Waggebruch«) zu fahren, um ihn dort zu deponieren. Ich kann mich nicht erinnern, dass auf dieser Müllhalde nicht genug Platz gewesen wäre. Ich erinnere mich an die Jauchegruben (»Puhlgrub«) für menschliche Fäkalien, die zu jedem Haus gehörten. Die Wände waren aus Beton gegossen , nach oben waren sie durch einen Metall- oder Holzdeckel verschlossen. Diese Gruben mussten ein- bis zweimal im Jahr durch einen speziellen Tankwagen abgepumpt werden. Provisorisch gab es eine Überlaufsicherung, die darin bestand, dass die Jauche über ein kleines Rohr in einen Graben floss, der direkt zum Dorfbach führte. Bei Einführung der obligatorischen Müllabfuhr und beim Bau der Kanalisation erinnere ich mich noch an erbitterte Auseinandersetzungen wegen der damit anfallenden Gebühren. Es gab nicht wenige Dorfleute, die gerne so weitergemacht hätten wie bisher. Die sinnliche Verschmelzung des Menschen mit seinem Unrat gehören zum festen Bestandteil meiner Kindheitserinnerungen. Die Reinigungswende im Verlauf des Wirtschaftswunders ließen jene verblassen. Man könnte sie auch als einen Prozess der »Abstraktion« bezeichnen, wodurch die zu verwerfenden Ausscheidungen vom Ort ihrer Produktion immer perfekter abgezogen und entfernt wurden.

Zur Kriegslust der Unschuldslämmer

Die Corona-Krise zeigte, wie schnell demokratische Freiheiten eingeschränkt oder abgeschafft werden können und autoritärem Regierungshandeln zu weichen haben. Noch alarmierender war aber die Bereitwilligkeit der Mehrheitsgesellschaft, den verordneten Zwangsmaßnahmen zu folgen und alle jene zu verurteilen und sozial zu ächten, die Kritik übten und gewisse Bedenken, Einwände, Argumente vorbrachten. Darunter waren kritische Stimmen von Wissenschaftlern aus diversen Disziplinen, deren Stichhaltigkeit sich im Nachhinein bewahrheitet hat. Wegen des Schulterschlusses von Politik und Medien hatten sie keine Chance, im öffentliches Diskurs Gehör zu finden. Protestaktionen und Demonstrationen wurden von den Medien entweder ignoriert oder diffamiert, Schimpfwörter wie »Schwurbler«, »Corona-Leugner« oder »Covidioten« kamen in Mode, abgesehen von den schon etablierten Etiketten wie »Rechtspopulisten« oder »Nazis«. Nach drei Jahren »Pandemie« wird jedoch immer klarer, dass viele Befürchtungen der »Verschwörungstheoretiker« berechtigt waren und teilweise von der Wirklichkeit noch übertroffen wurden.

Dieser Tatbestand ist wichtig, wenn es um die Einschätzung des Kriegs in der Ukraine geht. Er begann just zu dem Zeitpunkt, als die Corona-Krise im Abklingen war. Die kollektive Nervenzerrüttung bekam einen neuen Schub. Kaum war das unsichtbare feindliche Virus harmlosen Varianten gewichen, erschien ein sichtbarer Feind auf der Bildfläche., ein Schwarzes Loch, das alle Gedanken zu verschlingen drohte und dessen Name fünf Buchstaben hatte: P-U-T-I-N. Er spielte in der Phantasie die Rolle des Teufels, eines Künstlers der Verstellung, dem die naiven Deutschen auf den Leim gegangen seien und der nun sein wahres Gesicht zeige. Es kursierten zunächst diverse psychiatrische und kriminologische Diagnosen. Man zweifelte am geistigen Zustand des Machthabers, erkannte in ihm einen brutalen Hinterhofschläger, einen verschlagenen Geheimdienstagenten, einen Möchtegern-Zaren, einen Stalin-Nachahmer und dergleichen mehr. Schließlich setzte sich aber nicht die Pathologisierung, sondern die Verteufelung des Potentaten durch, die dazu führte, dass jegliche Verhandlung und jeder Kompromiss von regierungsamtlicher Seite ausgeschlossen wurde. Diese Einstellung folgte einer klaren Logik: Mit dem Teufel verhandelt man nicht, was ja auf einen Teufelspakt hinausliefe. Der Appeasement-Vergleich schien das schlagende Argument zu liefern: Vor dem Teufel darf man nicht zurückweichen, ihm nicht den kleinen Finger reichen. Churchill und nicht Chamberlain hatte im Kampf gegen Hitler recht. So war es folgerichtig und dramaturgisch eindrucksvoll, dass der große Churchill-Verehrer Boris

Johnson in die Ukraine reiste und an der Seite des ukrainischen Präsidenten Selensky zum Kampf gegen die russischen Invasoren aufrief.[38] Freund und Feind, das Gute und das Böse standen sich nun gegenüber. Wie einst »unsere Sicherheit« nach Aussage des damaligen Verteidigungsministers Peter Struck am Hindukusch verteidigt würde[39], so würde jetzt in der Ukraine auch unsere Freiheit verteidigt. Denn Putin wolle nach dem Vorbild des Zarenreichs und der Sowjetunion ein neues russisches Imperium errichten und verloren gegangene Gebiete zurückerobern. Sein Expansionsdrang kenne keine Grenzen.

Im Folgenden möchte ich etwas ausführlicher schildern, wie ich die Diskussionsveranstaltung einer namhaften Kultureinrichtung zum Ukraine-Krieg erlebt habe. Ich nahm daran teil, weil mich die Stellungnahmen der Diskutanten auf dem Podium und die Stimmung des Auditoriums im Saal interessierten. Es geht mir nicht darum, bestimmte Personen oder Organisationen bloßzustellen. Jegliches Denunzieren liegt mir fern. Deshalb sollen hier keine Namen genannt werden. Das Auffallendste war, wie sehr die Voten miteinander harmonierten, sowohl hinsichtlich der Einschätzung der Kriegslage als auch der Ausklammerung heikler Fragen. Die Ukrainer verdienten unsere Solidarität. Sie kämpften für ihre Freiheit gegen einen völkerrechtswidrig eingefallenen Angreifer. Ihr Kampf sei auch in unserem Interesse. Die Russen könnten nur mit Waffengewalt vom Vormarsch in der Ukraine und über diese hinaus abgehalten werden. Deshalb seien Waffenlieferungen selbstverständlich möglich, wobei Kampfflugzeuge keineswegs auszuschließen seien. Das Putin-Regime betreibe eine wirksame Propaganda, die große Mehrheit der russischen Bevölkerung folge dem offiziellen Narrativ, wonach die Strategie der NATO, insbesondere der USA, darauf abziele, Russland

---

38   https://www.fr.de/politik/boris-johnson-ukraine-besuch-krieg-russland-selenskyj-putin-news-91744949.html (16.03.2023)
39   https://link.springer.com/chapter/10.1007/978-3-531-94312-1_10 (16.03.2023)

einzukreisen und zu destabilisieren. Es ist interessant, welche Problemfelder mit keinem Wort erwähnt wurden. Die Sprengung der Pipeline, ein gigantischer Terrorangriff auf die Infrastruktur Deutschlands, der ohne Mitwirkung der USA kaum erklärbar ist, war nicht der Rede wert. Man habe sich doch erfolgreich vom russischen Öl unabhängig machen können, meinte ein Historiker, ohne dass das Stichwort Pipeline fiel. Natürlich kamen auch die Kriegsverbrechen der Russen wie Exekutionen und Vergewaltigungen zur Sprache – aber undenkbar der Gedanke, dass auch von ukrainischer Seite Kriegsverbrechen begangen worden sein könnten. Das Bild einer Nation, die sich in freier Entscheidung dem Westen eingliedern wollte, brutal überfallen worden sei und nun auch in unserem Interesse für ihre Freiheit kämpfe, erstrahlte an diesem Abend ohne Trübung. Weder die Leute auf dem Podium – neben drei Historikern auch ein Militärstratege – noch im Auditorium, das am Ende aufgefordert wurde, Fragen zu stellen, kam es in den Sinn, auf die Repression russischer Minderheiten in der Ostukraine hinzuweisen, die jahrelang von ukrainischen Nationalisten ausgeübt worden war. Wäre ein solcher Gedanke in der Veranstaltung geäußert worden, hätte man ihn Putins Kriegspropaganda zugerechnet und entsprechend gegeißelt.

Wie war die Atmosphäre im Saal, in welcher Stimmung befanden sich die Menschen? Es herrschte während der gesamten Veranstaltung absolute Ruhe im Publikum, keine Bekundungen der Zustimmung oder Ablehnung, verhaltener Applaus bei der Begrüßung und nach dem Schlusswort, mehr nicht. Es herrschte nach meinem Empfinden eine große Ratlosigkeit, eine spürbare Lähmung und Hemmung, Emotionen zu zeigen. Woran lag das? Ich konnte es mir nur mit der vielzitierten »kognitiven Dissonanz« erklären. In Abwandlung des berühmten Ausspruchs aus Goethes »Faust« könnte man sagen: Die Botschaft hörten sie wohl, allein ihnen fehlte der Glaube. Die Bereitschaft, im Namen »westlicher Werte« Krieg gegen Russland zu führen und dafür

Opfer zu bringen, wurde vom Bewusstsein konterkariert, dass die weitere Eskalation einen atomaren Weltkrieg auslösen könnte. Keinesfalls bemerkte ich echte Kriegsbegeisterung. Gleichwohl glaubte ich, eine unterschwellige Kriegslust zu spüren: Man ahnt den gefährlichen Abgrund, der im Nebel vor einem liegt, und wagt es, trotz seiner Angst vor dem Absturz weiterzugehen. Um meine Eindrücke, die ich auf dieser Veranstaltung gewonnen habe, in einem Satz zusammenzufassen: Die Stimmung der Menschen war von Angstlust geprägt. Aus dem Bewusstsein, sich in Lebensgefahr zu begeben, kann kann ein Lustgefühl entspringen. Ohne dieses wäre vermutlich kaum jemand bereit und in der Lage, Extremsport zu betreiben oder an einem kriegerischen »Himmelfahrtskommando« teilzunehmen.

Die Gegenfigur zum Sündenbock ist das Unschuldslamm. In der Debatte über den Ukraine-Krieg spielt natürlich wie bei jedem Krieg die Frage der Schuld eine entscheidende Rolle. Die »Urkatastrophe« des Ersten Weltkriegs bestand nicht nur in der riesigen Anzahl von Kriegsopfern und der immensen Zerstörung zivilisatorischer Errungenschaften. Mindestens ebenso fatal war – aus heutigem Rückblick – die Festschreibung der Siegermächte im Versailler Vertrag, dass Deutschland die alleinige »Kriegsschuld« trage. Dieses übliche Benehmen von Siegern gegenüber den Besiegten ist seit der Antike bekannt: *Vae victis*, wehe den Besiegten! Im Ukraine-Krieg steht der moralische Sieg jedenfalls schon fest, personifiziert in Präsident Selenskyi. Die Schuldfrage ist geklärt: Aus westlicher Perspektive sind die Russen Schuld und aus russischer Sicht der Westen beziehungsweise die Nato. Einen Krieg kann jedoch nur derjenige führen, der sich selbst unschuldig fühlt und den Feind für schuldig erklärt. In der oben erwähnten Veranstaltung war die Frage von Schuld und Unschuld eindeutig beantwortet, ja, überhaupt die Frage zu stellen, wäre auf Protest gestoßen: Denn sie war bereits beantwortet: Die Ukraine und alle, die sie unterstützen, trifft keine

Schuld am Krieg. Diese Überzeugung war im Saal auch deshalb vorherrschend, weil ihr nicht widersprochen wurde. (Gruppenhypnosen funktionieren nur, wenn niemand die schläfrige Stimmung in der Gemeinschaft stört.) Insofern möchte ich von Unschuldslämmern sprechen, die sich da versammelt hatten. Oder genauer gesagt: Menschen, die sich durch Ausschalten ihres kritischen Bewusstseins in Unschuldslämmer verwandelten.

Der Elefant im Raum

Unter Halluzinationen versteht man Einbildungen, Imaginationen, Trugbilder, Scheinwahrnehmungen. Der betroffene Mensch nimmt etwas in der Außenwelt wahr, was es dort nicht gibt. Die Psychologie spricht von Projektion. Ein Gegenstand wird vor-gestellt und erlangt somit – scheinbar oder anscheinend – (psychische) Realität. Jeder erlebt so etwas im Traum. Noch interessanter kommt mir die negative Halluzination vor: Man sieht, hört oder riecht nichts, obwohl es in der Außenwelt etwas zum Sehen, Hören oder Riechen gibt. Negative Halluzinationen spielen im öffentlichen Diskurs eine große Rolle, wovon die in letzter Zeit populär gewordene Redeweise vom »Elefanten im Raum« zeugt.[40] Dem Nicht-Wahrnehmen des Elefanten können allerdings verschiedene Motive zugrunde liegen. Eine negative Halluzination im strengen Sinne wäre das Nicht-Bemerken des Elefanten, weil man sich – bildlich gesprochen – kleinen Tierchen im Raum zuwendet und das große Tier übersieht, obwohl es vor einem steht. Eine solche Szene wird in dem Gedicht »Der Wissbegierige« (1814) von Iwan Andrejewitsch Krylow voller Ironie geschildert, wo ein Gelehrter bei seinem Besuch eines Naturkundemuseums alle

---

40   https://www.wikiwand.com/de/Der_Elefant_im_Raum (17.03.2023)

möglichen Schmetterlinge, Käfer und Läuse mit Begeisterung studiert hat, aber dem Freund auf dessen Nachfrage gestehen muss : »Den Elefanten hab ich nicht gesehn!«[41] Wer seine Aufmerksamkeit kleinen Dingen zuwendet, ist unter Umständen so fixiert, dass er das große Ding (»Ein Turm!« heißt es im Gedicht) gar nicht bemerkt.

Metaphorisch bedeutet jedoch »Der Elefant im Raum« heute etwas anderes. Es geht um ein für alle sichtbares Problem, worüber man jedoch nicht redet, da dies nicht opportun erscheint oder mit Sanktionen verbunden wäre. Man tut so, als sei es nicht vorhanden. Und worüber nicht gesprochen werden kann, ist quasi nicht existent. Genau besehen handelt es sich nicht um eine negative Halluzination, sondern um eine kollektive Verleugnung. Man möchte etwas nicht wahrhaben, weiß aber insgeheim, dass es wahr ist. Ist diese Einstellung typisch für unsere politische Lage? Die Meinungsforscherin Elisabeth Noelle-Neumann hat in den 1970er Jahren den psychologischen Mechanismus mit ihrem Begriff der »Schweigespirale« erklärt, der heute nicht weniger aktuell ist als vor einem halben Jahrhundert.[42]

Schauen wir auf jüngere Elefanten im Raum. Auf dem ersten Höhepunkt der Flüchtlingskrise 2015 gab es den Migrationselefanten. Bilder von endlosen Menschenströmen, überfüllten Zügen, provisorischen Zeltlagern wurden in den Medien verbreitet, dazu Berichte von den herzlosen Ungarn, die Schutzsuchende drangsalierten und nicht adäquat versorgten. Eine Welle der Hilfsbereitschaft schlug den Ankommenden entgegen. Die Willkommenskultur wurde allenthalben gepriesen, Angela Merkel als helfender Engel verehrt. Gleichwohl: Ein großes Unbehagen beschlich mich. Kamen mit den Massen von Zuwanderern nicht auch solche, die man hätte zurückweisen müssen? Die ihre Ausweise vernichtet hatten,

---

41   https://www.epoche-napoleon.net/werk/k/krylow/gedichte/der-wissbegierige.html (17.03.2023)
42   https://www.wikiwand.com/de/Schweigespirale (17.03.2023)

die möglicherweise kriminell waren? Weil sie zwar »Asyl« sagen konnten, aber nicht im Sinne des Gesetzes als Verfolgte einen Anspruch darauf hatten? Beunruhigende Fragen drängten sich mir auf. Ich erinnere mich an Gespräche im Herbst des Jahres 2015 über die Flüchtlingskrise, bei denen der Elefant im Raum nicht gesehen werden durfte. So wagte ein Kollege während eines Tischgesprächs beim Abendessen, Zweifel an der Politik der offenen Grenzen zu äußern, wie sie Angela Merkel betrieb. Sofort kam es zu heftigen Protesten. Wie könne man die humanitäre Hilfe der Bundeskanzlerin, wofür sie in der Welt bewundert werde, desavouieren? Deutschland als reiches Land könne den Zustrom durchaus verkraften und habe außerdem wegen seiner Geschichte die moralische Pflicht, großzügig Asyl zu gewähren. Die bösen Ungarn, namentlich Viktor Orbán, hätte sich unmenschlich gegenüber den Flüchtlingen benommen, da sei es doch wunderbar, dass die Deutschen sich besser verhielten. Es kam schon nach wenigen Sätzen zu einem Themenwechsel, da zu befürchten war, dass die Tischgemeinschaft sonst auseinandergebrochen wäre. Denn der Vorwurf der Merkel-Befürworter lag in der Luft: Wer ihren Kurs anzweifelt, muss ein Fremdenfeind, Rassist, Rechtspopulist oder noch Schlimmeres sein. Ich selbst schwieg, weil ich mich mir eine solche Keule nicht verpassen lassen wollte. Ich wusste: Sie hing griffbereit im Gürtel der Gutmeinenden und konnte jederzeit von ihnen eingesetzt werden.

Mit der Flüchtlingskrise betrat ein besonderer Elefant den Raum: Sexuelle Übergriffe, Messerattacken, Terroranschläge durch »junge Männer« hatten nichts mit eingewanderten Muslimen zu tun. Die Täter waren von Krieg und Vertreibung traumatisierte Einzelpersonen, bei denen die Integration versagt hatte und die struktureller Diskriminierung ausgesetzt waren. Die Forderung nach besserer Betreuung und Verstärkung der Integrationsbemühungen waren ein regelmäßiger Reflex auf blutige Zwischenfälle. So wurde 2013 in

Freiburg im Breisgau die Studentin Maria Ladenburger von einem afghanischen Asylbewerber, der bereits drei Jahre zuvor in Griechenland ein Kapitalverbrechen begangen hatte, vergewaltigt und ermordet. Gegen die öffentliche Trauerversammlung demonstrierte ein Bündnis gegen Rechts, um die mutmaßlichen Rechtsradikalen und Nazis daran zu hindern, den Mordfall für ihre Zwecke zu instrumentalisieren. Ich war zu dieser Zeit in Freiburg und habe mit Erstaunen von dieser Gegendemonstration gehört. Sie war offenbar ganz im Sinne maßgeblicher Politiker, wenn man sich die offiziellen Stellungnahmen zum Mordfall Maria Ladenburger – vom Freiburger Oberbürgermeister Dieter Salomon bis hin zu Bundeskanzlerin Angela Merkel und ihrem Vizekanzler Sigmar Gabriel – ansieht.[43] Man warnte vor »Pauschalurteilen« gegen Flüchtlinge; man lasse keine »Volksverhetzung« zu. Jeder konnte den Elefanten im Raum sehen, durfte aber nicht auf ihn zeigen: die fatal missglückte Migrationspolitik. So setzte man auf eine Ausrede im buchstäblichen Sinn: Man versuchte, den kritischen Zeitgenossen ihre Wahrnehmung auszureden.

Analoge Vorkommnisse gibt es seither zuhauf, wobei mir der »Mordfall Mia V.« in Kandel 2017[44] oder die angeblichen »Hetzjagden« in Chemnitz 2018[45] einfallen. Die Ideologen der irrational überdehnten Willkommenskultur wollten mit aller Gewalt den Elefanten im Raum unsichtbar machen, so als sei er gar nicht vorhanden. Hier handelt es sich wie gesagt nicht um eine negative Halluzination, sondern um die erpresste Verleugnung der eigenen Wahrnehmung. Aber nicht alle lassen sich den Mund verbieten. Die Staatslenker haben »das Volk, den großen Lümmel« (Heinrich Heine) doch nicht ganz im Griff, der sich beim »Eiapopeia vom Himmel« die Ohren zuhält.

---

43   https://www.wikiwand.com/de/Mordfall_Maria_Ladenburger#Stellungnahmen (18.03.2023)
44   https://www.wikiwand.com/de/Mordfall_Mia_V.#Reaktionen (18.03.2023)
45   https://www.wikiwand.com/de/Ausschreitungen_in_Chemnitz_2018 (18.03.2023)

Wir haben bisher verschiedene Verhaltensweisen betrachtet:

(1) Der Elefant im Raum wird nicht gesehen, da sich die anwesende Person so stark mit kleineren Dingen beschäftigt, dass sie ihren Blick erst gar nicht erhebt wie der »Wissbegierige« in der erwähnten Geschichte von Krylow.

(2) Der Elefant im Raum wird zwar unterschwellig als Gefahr geahnt (denn er könnte den sprichwörtlichen Porzellanladen zertrampeln), aber tappt so putzig hilflos umher, dass man ihm begeistert zusieht und ihn verhätschelt.

(3) Der Elefant im Raum ist zwar für alle sichtbar, darf aber aus Gründen der politischen Korrektheit nicht gesehen werden. Politik und Medien versuchen dann systematisch, die sinnliche Wahrnehmung der Menschen zu entwerten und sie unmerklich zu einer korrekten Haltung zu erziehen – durch *Nudging*, wie der neue Begriff heißt. An diesem Punkt bricht dann jener Konflikt auf, der als »Spaltung der Gesellschaft« allenthalben beklagt wird: Elefanten-Seher kontra Elefanten-Leugner.

Es gibt noch eine weitere Variante der Elefanten-Metaphorik, die mit der Redewendung »Aus einer Mücke einen Elefanten machen« einhergeht. Dies kann das Verhalten eines Einzelnen betreffen, für den ein winziger Gegenstand das Ausmaß eines riesigen Gebildes annimmt, etwa ein Maulwurfshügel zu einem Berg wird, wie das englische Sprichwort besagt: *to make a mountain out of a molehill*. Eine entsprechende Vision kann aber auch viele erfassen, die dann gleichsinnig dieselbe Wahrnehmung teilen. Plötzlich haben alle in einer Gruppe oder Masse denselben Eindruck. Dieser Vorgang ist typisch für eine »psychische Infektion« oder »geistige Epidemie«, landläufig auch als »Massenwahn« oder »Massenhysterie« bezeichnet.[46] Während jene oben beschriebenen Vorgänge die negative

---

46 Zum Begriff der geistigen Epidemie vgl. Carl Gustav Carus: *Ueber Geistes-Epidemien der Menschheit* (1852), mit Anmerkungen und einem Nachwort hg. von Heinz Schott, Books on Demand 20 22; Willy Hellpach: *Die geistigen Epidemien* (1906), mit einem Nachwort

Halluzination betreffen (nicht sehen können/wollen/dürfen des Elefanten im Raum) beschreibt letzterer eine positive Halluzination (sehen des Elefanten im Raum, der nicht da ist).

Die Corona-Krise bietet hierfür illustres Anschaungsmaterial. Die »Pandemie« wurde von Horrormeldungen begleitet, Angst und Panik bestimmten lange Zeit das gesellschaftliche Leben. In diversen Impfkampagnen wurden in dieser Untergangsstimmung nicht ausreichend getestete neuartige Impfstoffe massenweise verspritzt. Ein Ironie der Geschichte: Die Übersterblichkeit stieg just *nach* den Massenimpfungen und dem Abklingen der Infektionswelle gegen Ende 2022 international stark an. Sicher war die Corona-Pandemie keine »Mücke«, insbesondere nicht am Anfang, als man noch nicht wusste, wohin die Reise ging, aber sie war zu keiner Zeit jener die Menschheit bedrohende »Elefant«, zu der sie Politik und Medien unter Berufung auf ausgewählte Wissenschaftler machten. Die Corona-Pandemie war auch deshalb keine »Mücke«, da das Virus im Sinne der *Gain-of-function*-Forschung verändert worden und höchstwahrscheinlich aus dem chinesischen Hochsicherheitslabor in Wuhan entsprungen war. Der Nanophysiker Roland Wiesendanger hat schon im Februar 2021 die Laborhypothese[47] vertreten und ein Jahr später zusammen mit anderen Wissenschaftlern ein Moratorium für solche gefährlichen Veränderungen von Viren gefordert.[48]

Es gibt noch eine orientalische Version der Metaphorik vom Elefanten im Raum, nämlich das Gleichnis *Die blinden Männer und der Elefant*.[49] Es nimmt die gelehrten Fachidioten ironisch aufs Korn, die in ihrer Fixierung auf ihre speziellen Forschungsobjekte blind für das

---

hg. von Heinz Schott, Books on Demand 2022.
Mit Anmerkungen und einem Nachwort herausgegeben von Heinz Schott

47   https://www.researchgate.net/publication/
349302406_Studie_zum_Ursprung_der_Coronavirus-Pandemie (20.03.2023)
48   https://www.researchgate.net/publication/
358769312_HAMBURG_DECLARATION_2022_Call_for_a_Global_End_to_High-Risk_Gain-of-Function_Research_on_Potential_Pandemic_Pathogens ()20.03.2023)

große Ganze sind. Im Unterschied zu Krylows »Wissbegierigem« wird der Elefant deshalb nicht erkannt, weil die Forscher zu nah an ihn heranrücken und so nur einzelne Körperteile ertasten können. Der Buchtitel *Der Corona-Elefant* spielt auf dieses Gleichnis an.[50] Die Blindheit von sogenannten Experten, die sich auf vermeintlich wissenschaftlich gesicherte Tatsachen berufen, aber zu keiner Gesamtschau fähig sind, wird uns noch beschäftigen.

Schwarze Schwäne – Weiße Raben

2007 erschien das Buch *The Black Swan: The Impact of the Highly Improbable* von Nassim Nicholas Taleb, die deutsche Übersetzung des Bestsellers lag bereits ein Jahr später vor.[51] Seine Botschaft ist einfach und kann vom Leser leicht aufgenommen werden. Wer hat in seinem Leben nicht schon die »Macht höchst unwahrscheinlicher Ereignisse« zu spüren bekommen? Entweder als Einzelperson oder in einer Menschengruppe oder -masse. Ich möchte hier nicht auf die Begriffe »Schicksal«, »Zufall«, »Rationalisierung« oder »Fragilität« eingehen, die in der philosophischen Anthropologie eine Rolle spielen mögen. Für mich überzeugender ist die persönliche Erfahrung mit Schwarzen Schwänen. Es dürfte niemanden geben, der nicht von einer solchen berichten könnte. Da passiert etwas, das wir für ausgeschlossen hielten, das vielleicht abstrakt denkbar, aber als praktisches Ereignis unvorstellbar war. »Wer mir das vor einem Monat gesagt hätte, den hätte ich für verrückt erklärt« oder »Was jetzt passiert ist, hätte ich nie

---

49 https://www.wikiwand.com/de/Die_blinden_M%C3%A4nner_und_der_Elefant
    (21.03.2023)
50 Konstantin Beck, Andreas Kley, Peter Rohner, Pietro Vernazza (Hrsg.): *Der Corona-Elefant. Vielfältige Perspektiven für einen konstruktiven Dialog.* Zürich 2022; S. 11.
51 *Der Schwarze Schwan: Die Macht höchst unwahrscheinlicher Ereignisse.* Übersetzt von Ingrid Proß-Gill. München 2008.

für möglich gehalten.« Ähnliche Sätze sind uns bekannt, und wir selbst haben schon Entsprechendes von uns gegeben.

Die Corona-Krise zeitigte eine vielgestaltige Corona-Literatur: Sachbücher, Streitschriften, Sammelwerke, Bildbände, Belletristik. Ein Corona-Roman fiel mir besonders auf: *Das Märchen vom bösen Atem*, der unter einem Pseudonym veröffentlicht wurde.[52] Die Erzählung endet mit dem Erscheinen eines Schwarzen Schwans. Die Mitglieder des »Clubs der Zweifler« stehen abends auf einer Terrasse am Rhein und sehen in der Ferne hinter ihnen einen unheimlichen Lichtschein und spüren ein gewaltiges Beben: der seit Jahrtausenden lauernde Vulkan unter dem nahe gelegenen Laacher See ist wieder ausgebrochen:

> *»Mit einem Schlag hatte sich die Welt, ihre Welt, verwandelt. Alle Vorhersagen, Sorgen, Strategien, Aktionen, Corona-Pandemie und Klimakatastrophe, alle Kalkulationen und Planungen waren null und nichtig. Sie, alle Menschen waren mit einer Macht, der ›Natur‹, konfrontiert, über die sie nicht verfügen konnten. Parteitagsbeschlüsse, Fünf-Jahrespläne, Klimaabkommen, Lockdowns, Massenimpfungen, Euro-Rettungsschirme, CO2-Emissionen, Belegung von Intensivbetten und vieles andere mehr waren plötzlich zur Makulatur geworden, nutzloses Material, das geschreddert werden konnte. Die Karten wurden jetzt neu gemischt und niemand konnte wissen, wo der Joker steckte und wie das Spiel ausgehen würde.*
>
> *So standen die Clubmitglieder fassungslos und verwundert auf der Terrasse und schauten auf das rötliche Geflacker am Nachthimmel, spürten das Vibrieren der Erde in ihrem Leib aufsteigen. Und merkten eine nie zuvor gespürte Offenheit, die sie zuvor nicht gekannt hatten. Denn es war etwas Unberechenbares, Gewaltiges geschehen – etwas anderes als ihre Aktion* Breath of God *je im Sinn hatte.«*

---

52 Henri du Mont-Tonnerre: *Das Märchen vom bösen Atem. Roman.* Norderstedt 2022.

Der Begriff »Schwarzer Schwan« ist wegen seiner Farbe assoziativ mit Tod, Trauer, Untergang, Unglück verknüpft. Nach seinem Wortschöpfer Taleb soll er jedoch ganz allgemein die »Macht höchst unwahrscheinlicher Ereignisse« symbolisieren, also auch die Macht höchst unwahrscheinlicher Glücksfälle aller Art. Vielleicht sollten wir hier besser aus Gründen der Farbsymbolik von einem »Weißen Raben« sprechen: Der »Unglücksrabe« (man denke an Wilhelm Buschs Bildergeschichte *Hans Huckebein*) ist schwarz. Weiß dagegen symbolisiert Reinheit, Unschuld, Licht, Glück. Denken wir an politische Großereignisse, die als Weißer Rabe die Welt bewegt haben, so war das sicher der Fall der Berliner Mauer am 9. November 1989. Die Macht dieses Ereignisses lässt sich kaum überschätzen. In Bonn war sie in besondere Weise spürbar. Die Stadt war gerade drauf und dran, zur endgültigen Hauptstadt der Bundesrepublik Deutschland ausgebaut zu werden: So wurden 1992 der neue Plenarsaal des Deutschen Bundestags und die Kunst- und Ausstellungshalle der Bundesrepublik Deutschland eingeweiht. Ironie der Geschichte: Bereits 1991 hatte der Bundestag den Berlin-Umzug beschlossen. Just in dem Augenblick, als das »Provisorium« Bonn seine volle Funktionsfähigkeit erlangte, war es nicht länger gefragt.

Der Mauerfall war von niemandem vorhergesehen worden, er wurde in absehbarer Zukunft schlichtweg für unmöglich gehalten. Und wenn die Mauer tatsächlich fallen sollte, konnte man sich das nur durch eine kriegerische Auseinandersetzung vorstellen, die auf Grund der atomaren Pattsituation im Kalten Krieg praktisch ausgeschlossen schien. Der Mauerfall ohne einen einzigen Schuss, ohne einen einzigen Verletzten oder Toten – undenkbar. Und doch ist er passiert. Alle Erklärungen (»friedliche Revolution«, Gorbatschow, Grabowski etc.) versuchten, ein unbegreifliches Ereignis nachträglich rational zu erklären.

Der öffentliche Diskurs dreht sich zumeist um *scheinbare* Schwarze Schwäne, die als zukünftige Katastrophen imaginiert werden. Es sind eingebildete Ereignisse, die in Zukunft eintreten können, also Antizipationen von *nicht* höchst unwahrscheinlichen Ereignissen. Insofern sind sie eben *keine* Schwarzen Schwäne im Sinne von Taleb, vielleicht könnte man sie mit ihm als »Graue Schwäne« bezeichnen. Ich möchte sie *imaginierte Schwarze Schwäne* nennen. Ein imaginierter Schwarzer Schwan entfaltet unter Umständen nicht weniger Macht als ein realer – gemäß der Redensart, dass der Glaube Berge versetzen kann. Der Unterschied liegt in der Art seines Erscheinens. Um es in drastischer Bildlichkeit auszudrücken: Im einen Fall gleicht er einem Blitz aus heiterem Himmel, der ins Haus einschlägt und es in Brand setzt; im anderen Fall gleicht er dem steten Tropfen, der den Stein ganz allmählich höhlt. In der gegenwärtigen Debatte über den Klimawandel ist der imaginierte Schwarze Schwan mit dem bedrohlichen »Kipppunkt« fixiert. Die einschneidendsten Maßnahmen werden beschlossen, die verrücktesten Aktionen durchgeführt, die widersinnigsten Pläne geschmiedet, um die Welt vor dem Untergang zu retten. Wie die Geschichte zeigt, kann die Welt im Banne eines imaginierten Schwarzen Schwans stehen – und just dann von einem realen Schwarzen Schwan radikal durchgeschüttelt werden.

Blicken wir auf die Zeit um 1900, das *Fin de Siècle.* Der zivilisatorische Fortschritt mit seinen wissenschaftlich-technischen Innovationen wurde von einem tiefsitzenden Kulturpessimismus konterkariert. Einerseits waren Kunst und Literatur vom Gedanken der »Dekadenz« geprägt, andererseits rückte die biologische »Degeneration« des zivilisierten Menschen in den Mittelpunkt der Anthropologie und wurde als Leitidee vor allem für die Psychiatrie relevant. Oswald Spenglers *Der Untergang des Abendlandes* (1918) mit seiner prophetischen Geschichtsdeutung spiegelte nach der »Urkatastrophe« des Ersten Weltkriegs den pessimistischen Zeitgeist wider. Die Rassenbiologie etablierte sich als wissenschaftliches Fach und schlug wegen der angeblichen Zunahme von Erbkrankheiten Alarm. Die Erbanlagen von »Minderwertigen« erschien eine Gefahr für die »Vitalrasse«. Es drohe eine zunehmend kränklicher werdende Bevölkerung und auf längere Sicht eine totale Verblödung der Gesellschaft. Die Eugenik (»Rassenhygiene«) sollte mit der gezielten Ausschaltung der Minderwertigen von der Fortpflanzung Abhilfe schaffen. Damals grassierte die biologische Untergangsangst in Europa und den USA und legte die Sterilisation der Minderwertigen nahe. Der deutsche Exzess der Zwangssterilisation (»Unfruchtbarmachung«) im »Dritten Reich« soll hier außer Betracht bleiben. Der Schwarze Schwan, die Urkatastrophe des 20. Jahrhunderts ereignete sich aber wo ganz anders: nämlich auf den Schlachtfeldern des Ersten Weltkriegs. Niemand hätte *diese* Katastrophe mit ihren verheerenden Kriegsfolgen einschließlich Spanischer Grippe und bis heute spürbaren Auswirkungen vor Kriegsausbruch Anfang August 1914 für möglich gehalten. Ein Schwarzer Schwan *par exccellence*.

Ein solcher kann auch im Leben des einzelnen Menschen auftauchen, der nur ihn persönlich betrifft, auch wenn er für andere sichtbar sein mag. Bei schweren Unglücken aller Art erscheint der Schwarze Schwan in seiner negativen Bedeutung. Als Beispiel könnte man hier an einen schweren Verkehrsunfall denken, der dazu führt, das der Insasse eines Autos von einer Sekunde auf die anderer schwer verletzt wird und eine Querschnittslähmung erleidet, die ihn lebenslang an den Rollstuhl fesselt. Die Macht des Ereignisses ist evident. Der Frage, ob es statistisch als »höchst unwahrscheinlich« anzusehen ist, im Straßenverkehr einen Verkehrsunfall mit fatalen Folgen zu erleben, soll hier nicht nachgegangen werden. Für den Betroffenen hat der Unfall die Qualität eines Schwarzen Schwans. Nehmen wir an, er wäre nicht aus dem Wagen auf eine Leitplanke geschleudert worden, sondern einige Meter weiter auf einer weichen

Wiese gelandet, außer leichten Schürfwunden und einer Rippenprellung unverletzt, wäre ihm das als »Wunder« erschienen. Er habe Glück im Unglück oder einen »Schutzengel« gehabt, wird man dann sagen. Zeigt sich hier nicht auch ein Schwarzer Schwan oder besser gesagt: ein Weißer Rabe? »Wo Gefahr ist, wächst das Rettende auch« lautet das bekannte Hölderlin-Zitat. Nichts kann einen Menschen stärker erschüttern als das Zusammentreffen dieser beiden entgegengesetzten Schwarzen Schwäne – wenn nämlich die urplötzliche Katastrophe durch eine unvorhersehbare Rettung abgewendet oder lebensentscheidend abgemildert wird. Es handelt sich um eine besondere Art von Grenzerfahrung, die ein Mensch – wenn überhaupt – wahrscheinlich nur einmal in seinem Leben macht. Ich erinnere mich an einen Tiroler Gastwirt und Bergführer, der die Berge im Umfeld seines Alpendorfes bestens kannte. In einem Gespräch über die Gefährlichkeit des Bergsteigens erwähnte er beiläufig, dass er einmal vom Gewitter überrascht worden sei. Näheres zu erzählen sei ihm nicht möglich, ich möge doch, wenn es mich interessiere, in dem im Frühstücksraum ausliegenden Büchlein nachsehen. Darin habe er von seinem Erlebnis berichtet. Ich las seine Geschichte. Er hatte unterwegs im Gebirge vor dem Gewitter in einer Mulde am Berghang Zuflucht gesucht – vergeblich. Er wurde von einem Blitz getroffen. In Sekundenschnelle sei sein gesamtes bisheriges Leben in allen Einzelheiten noch einmal vor seinem inneren Auge vorbeigezogen. Er war nicht verletzt und konnte ins Tal nach Hause zurückkehren. Als er am Morgen in den Spiegel schaute, war sein Haar ergraut. Man kann sich vorstellen, wie mächtig dieses Ereignis, worüber er noch viele Jahre später nicht sprechen konnte, seinen Organismus erschüttert hat.

Was ist »Zufall«? Nach allgemeinem Verständnis ein Ereignis, das von keinem menschlichen Willen hervorgerufen oder beeinflusst wurde, weder von der Person, die vom Ereignis betroffen ist, noch von einer anderen, die es bewirkt haben könnte. Gerade in der Medizin wird aber der unwiderstehliche Drang deutlich, den Zufall auszuschließen und eine Erklärung oder Deutung zu finden, die den Ausbruch einer Krankheit kausal erklären kann, ihr sozusagen einen – durchweg destruktiven – »Sinn« zu unterstellen: Zigarettenrauchen verursacht Lungenkrebs, Bluthochdruck verursacht Schlaganfälle, Fettleibigkeit macht anfällig für Covid-19. Wer erkrankt, ist unweigerlich mit der Schuldfrage konfrontiert. Warum bist du nicht rechtzeitig zur Vorsorgeuntersuchung gegangen? Warum hast du dich bei deinem Arbeitsstress nicht einmal krankschreiben lassen? Warum hast du deinen Blutdruck nicht regelmäßig kontrolliert? »Ich bin ja selber schuld« ist eine Standardaussage von Patienten, die häufig der Einschätzung ihrer Ärzte entspricht, auch wenn diese sie nicht offen aussprechen. Es ist bemerkenswert, dass noch vor 200 Jahren in der medizinischen Fachsprache von »Zufall« anstelle von »Symptom« die Rede war – der deutschen Übersetzung dieses griechischen Wortes.

Wie steht es mit »höchst unwahrscheinlichen Ereignissen«, die ihre Macht nicht unmittelbar offenbaren, sondern zeitverzögert oder »nachhaltig« (um die abgenutzte Vokabel hier noch einmal zu bemühen)? Ein Schwarzer Schwan (oder Weißer Rabe) also, der *ex post* erscheint? Ich denke hier an ein merkwürdiges Erlebnis aus meiner Studentenzeit. Auf der Suche nach einer Unterkunft in London traf ich (zufällig) einen indischen oder pakistanischen Studenten in einer Mensa, dem ich zuvor nie begegnet war und der mit am Tisch saß. Im *small talk* erwähnte ich, dass ich für zwei, drei Wochen ein Quartier suchen würde. Er lächelte und erklärte, dass er etwas Geeignetes wisse. Er war gerne bereit, in meinen Volkswagen einzusteigen und mir den Weg zu zeigen. Wir landeten nach einer halbstündigen Fahrt in einer ruhigen Straße mit recht stattlichen Wohnhäusern im Stadtteil Hampstead. Wir waren am Ziel angelangt, einer kleinen privat betriebenen Pension für Studenten. Man hatte dort in der Ferienzeit ein Zimmer frei, das ich sofort beziehen konnte. Aus dem Fenster blickte ich ins Grüne, nämlich eine mit Bäumen eingerahmte Wiese, die zum Garten des Nachbarhauses gehörte. An dessen Fassade befand sich eine Metallschild, das mir zunächst nicht auffiel. Nach einigen Tagen aber richtete ich meinen Blick darauf und las *»Here died Sigmund Freud ...«*. Das Sterbehaus mit der Adresse *20 Maresfield Gardens* beherbergt heute das *Freud Museum London*. Damals im Jahr 1969 wurde es noch von Freuds Tochter Anna bewohnt und fügte sich unauffällig in die Straßenzeile. Ich blickte also aus dem Fenster genau auf jene Wiese, wo sich der alte todkranke Freud in seinen letzten Wochen oder Monaten auf einem Liegestuhl erholt hatte, wie das ein Foto nahelegt.

In den nächsten Jahren wandte ich mich dem Werk Sigmund Freuds, von dem ich bis dahin keine Notiz genommen hatte, immer intensiver zu: zunächst noch eher beiläufig in meiner medizinischen, dann fokussiert auf seine Traum- und Neurosenlehre in meiner philosophischen Dissertation, um schließlich in meiner Habilitation für das Fach Geschichte der Medizin Freuds Selbstanalyse zu erkunden. War es Zufall, dass am Anfang meines akademischen Werdegangs der Aufenthalt an seinem Sterbeort stand? Wie konnte es sein, dass mich mein Weg in der riesigen Metropole London genau dorthin führte? Es handelte sich um ein höchst unwahrscheinliches Ereignis, dass sich nicht mit Pauken und Trompeten urplötzlich kundtat, dass aber im Rückblick mein Leben mächtig beeinflusste. Aber worin bestand dieses Ereignis, das ich lieber einen »Weißen Raben« als einen »Schwarzen Schwan« bezeichnen würde? Es ist mir bis heute ein Rätsel geblieben. Ein nachfolgendes Ereignis erscheint mir ebenso mysteriös: Ich wurde 1987 auf den Lehrstuhl für Geschichte der Medizin der Universität Bonn berufen. Die Adresse des Medizinhistorischen Instituts lautete: Sigmund-Freud-Straße. Wiederum ein merkwürdiger Zufall, wenn man bedenkt, dass es seinerzeit in Deutschland überhaupt nur drei

Sigmund-Freud-Straßen gab. Es war für mich eine Freude, dass jetzt der Namen des Meisters auf dem offiziellen Briefkopf auf gleicher Höhe mit meinem zu lesen war – ein virtuelles *tête-à-tête*. Rund 18 Jahre brauchte ich für den Weg von Maresfield Gardens in Hampstead bis zur Sigmund-Freud-Straße auf dem Venusberg.

Geister, böse und gute

Die Redewendung »von allen guten Geistern verlassen sein« kennt jeder. Aber kaum jemand wird sie im Sinne der alten Dämonologie wörtlich nehmen und tatsächlich mit leibhaftigen Dämonen rechnen, die als selbständige Geistwesen in den Menschen einfahren können. Ähnliches gilt für den Begriff der »Besessenheit«, der heute kaum mehr (abgesehen von klerikalen Zirkeln oder religiösen Sekten) als Besitzergreifung des Menschen durch böse Geister verstanden wird. Der (vermeintlich) aufgeklärte Zeitgenosse versteht solche Redeweisen als metaphorische Beschreibungen innerpsychischer Vorgänge und rechnet die Vorstellung von Geistern dem Volksaberglauben oder unwissenschaftlichem Okkultismus zu. Man kann es auf die seit dem 19. Jahrhundert vorherrschende Formel bringen: Geister sind nichts anderes als Projektionen psychologisch unbewusster Vorgänge auf die Außenwelt. Doch ist diese Psychologisierung von Schutzengeln und Teufeln der Weisheit letzter Schluss, eine unumstößliche wissenschaftliche Erkenntnis? Oder handelt es sich eher um einen theoretischen Überbau, womit man etwas Unerklärliches zu erklären versucht?

Es gibt dämonische Phänomene, durch die – scheinbar oder anscheinend – das Wirken böser Geister direkt erfahren wird. In der Regel folgt einer solchen Erfahrung die Erklärung, es handele sich ja

»nur« um die psychologische Projektion eines innerseelischen Komplexes auf die Außenwelt. Die Beruhigung besteht in der Versicherung, dass es da draußen keine Geistwesen geben könne, dass also solche Geistererscheinungen eingebildet seien. Als Gedankenexperiment hierzu stelle man sich vor: Man tappe in einem absolut dunklen Raum in einem unbewohnten, menschenleeren Haus umher, höre plötzlich ein leises Klirren – könnte das nicht ein lauernder Feind sein, der sein Messer gerade gezückt hat? Die beruhigende Auskunft wäre: Pure Einbildung, da ist niemand, es war dein eigener Schlüsselbund, der da geklirrt hat. Die beunruhigende Auskunft wäre: Es ist nicht sicher, dass dein Schlüsselbund geklirrt hat, es könnte auch von einem unsichtbaren Feind im Raum herrühren, der dich anfallen wird. Der aufgeklärte wissenschaftliche Standpunkt ist: Niemand außer dir ist im Raum, alles, was dir so vorkommen mag, rührt aus deinem eigenen Inneren. Wer das nicht akzeptieren kann, weil er es anders erlebt hat, erscheint dann als spintisierender Phantast oder aber als Wahnsinniger, je nachdem, wie heftig seine Reaktionen auf sein Erleben ausfallen. Ersterer landet vielleicht in einer esoterischen Sekte, letzterer unter Umständen in der Psychiatrie, im Extremfall auf einer geschlossenen Station.

Das Innen-Außen-Dilemma beschäftigt die Menschen, soweit wir die schriftlichen Zeugnisse zurückverfolgen können. Schon in der hippokratischen Schrift »Über die heilige Krankheit« (um 400 v. Chr.) werden die beiden Perspektiven gegeneinander abgewogen. Nicht Götter verursachten die Epilepsie (»Fallsucht«). Die Krankheit habe wie alle anderen Krankheiten natürliche Ursachen im Körpergeschehen selbst und müsse dementsprechend mit natürlichen Mitteln therapiert werden. Mit anderen Worten: Nicht der Priester sei gefragt, sondern der naturkundige Arzt. Damit wird dämonologischen Erklärungen und religiösen Heilritualen ein Absage erteilt. Von Anfang an laufen alle wissenschaftlichen Ansätze darauf hinaus, die

Geisterwelt als imaginäre Erscheinung natürlicher Vorgänge zu entzaubern – bis hin zu ihrer endgültigen Verortung im Nervensystem beziehungsweise Gehirn. Ihre Äußerungen erscheinen dann als reine Projektionen innerer Vorgänge auf die Außenwelt, als Einbildungen oder Wahngebilde.

In der Romantik wurde das Innen-Außen-Dilemma wohl ein letztes Mal offen diskutiert. Der schwäbische Arztdichter Justinus Kerner veröffentlichte 1829 die zweibändige Krankengeschichte *Die Seherin von Prevorst*, in der er »Ueber das Hereinragen einer Geisterwelt in die unsere« spekulierte. Die lapidare Kritik eines Landsmanns, des jungen Arztes und späteren Psychiaters Ernst Albert Zeller, wollte allen Spekulationen über Geister mit dem Argument den Boden entziehen, dass es sich lediglich um »Wahrnehmungen einer somnambülen Wahnsinnigen« handele. »Eine *ganz fixe Ideenwelt* ist nur im *Gehirne eines Wahnsinnigen*, und nicht ausser ihm«.[53] Dieses Verdikt bildet nicht nur die Grundlage der modernen Psychiatrie. Es ist ebenso fundamental für das Menschenbild der Lebenswissenschaften allgemein. Das Reich der Geister wurde von der Außen- in die Innenwelt des Menschen verlegt, es wurde wissenschaftlich »verinnerlicht«, woran psychologische Lehren (u. a. Psychopathologie und Psychoanalyse) maßgeblich beteiligt waren. Romantische Naturforscher, Ärzte und Dichter versuchten, die scharfe Trennung zwischen Innen und Außen zu überwinden und kritisierten deshalb das in ihren Augen verkürzte Menschenbild der Aufklärer. In diesem Sinne schrieb Novalis: »Sonderbar, dass das Innre der Menschen nur dürftig betrachtet und so geistlos behandelt worden ist. Die sogenannte Psychologie gehört auch zu den Larven, welche die Stellen

---

53 Ernst Albert Zeller: *Das verschleierte Bild zu Sais, oder die Wunder des Magnetismus. Eine Beleuchtung der Kerner'schen Seherin von Prevorst, und ihrer Eröffnungen über das innere Leben des Menschen und über das Hereintragen einer Geisterwelt in die unsere.* Leipzig 1830, S. S. 159 bzw. 155.

im Heilightum eingenommen haben, wo ächte Götterbilder stehn sollten.«[54]

Was zu Anfang des 19. Jahrhunderts von Gelehrten und Poeten noch ernsthaft behandelt werden konnte, war gegen dessen Ende als »Okkultismus«, »Mystizismus« oder »Aberglaube« verschrien. Damit ging zugleich eine Abwertung der Wissenschaft vergangener Epochen einher, die großenteils zu religiösen oder magischen Vorstufen des wissenschaftlichen Fortschritts degradiert wurden. Demnach war die »Geisterwelt« ein Hirngespinst, imaginär wie Gott und Teufel.

Freilich sind Phänomene der Besessenheit auch im Alltagsleben zu bemerken. Wenn jemand gegenüber einem Besucher in den Zustand einer unkontrollierbaren Wut gerät, fragt sich sein Gegenüber unwillkürlich: Was ist denn in den gefahren? Ist er von allen guten Geistern verlassen? Da agiert jemand, als ob er von einer fremden Macht beherrscht würde; da spricht jemand mit einer Stimme, als ob ein anderes Wesen in ihm säße. Ich erinnere mich an eine solche sehr unangenehme Situation, als ich einer Person gegenüberstand, die ich wegen ihres absolut befremdlichen Benehmens für besessen hielt. (Der Gedanke, ihren Ungeist zu exorzieren, schien mir verlockend, wenngleich unrealistisch.)

Ein Kollege, ich möchte ihn in meiner Erzählung Friedrich nennen, erzählte mir einmal von einer merkwürdigen Begebenheit. Er griff bei einer öffentlichen Rangelei ein. Ein junger Mann, der psychisch gestört war oder unter Drogen stand (vielleicht auch beides), wollte mit einem Messer auf ihn losgehen. Friedrich packte ihn fest an beiden Handgelenken und konnte ihn so lange fixieren, bis die Polizei anrückte. Währenddessen zischte der junge Mann immer wieder: »Lass mich los, oder ich bringe dich um!« Friedrich ließ nicht los. Drei Tage später hatte er am helllichten Tag bei idealem Wetter auf einer

54   Novalis: *Fragmente II – Psychologie (1799/1800)*; https://www.projekt-gutenberg.org/novalis/fragment/chap003.html (26.0ß3.2023)

ruhigen Straße einen äußerst schweren Autounfall. Er hatte großes Glück und überlebte, ohne dauerhafte Schäden davonzutragen. Friedrich, dem psychoanalytische Gedankenspiele nicht fremd waren, meinte, dass man natürlich das Unfallereignis mit der Macht seines unbewussten Seelenlebens erklären könne. Der Fluch des Festgehaltenen könne über das unbewusste Schuldgefühl eine Selbstbestrafung ausgelöst haben. »Alles schön und gut«, sagte er schließlich, »aber was mich heute noch am meisten erschüttert ist das *physische* Gefühl, das *leibhaftige* Spüren einer unsichtbaren Macht, die mir ins Lenkrad gegriffen hat.« Friedrich gehörte keiner esoterischen Sekte an, Spiritismus oder Mentalmagie lagen ihm fern.

Beide Beispiele zeigen: Auch wenn uns die Idee einer »Geisterwelt« aus wissenschaftlichen oder weltanschaulichen Gründen absurd vorkommen mag, so gibt es doch Phänomene im Leben, die uns an die Macht böser (oder guter) Geister gemahnen.

Über den Hochmut der Fachidioten

Vom US-amerikanischen Schauspieler und Komiker Danny Kay soll das bekannte Bonmot stammen: »Spezialisten sind Leute, die immer mehr über immer weniger wissen, bis sie zuletzt alles über nichts und nichts über alles wissen.«[55] Damit charakterisierte er brillant den »Fachidioten«, den ich im Folgenden näher betrachten möchte. Spezialisten sind Leute, die sich auf einem bestimmten Gebiet professionell auskennen, handele es sich um Schreinerhandwerk oder Informationstechnologie. Superspezialisten verfügen über besondere Expertise auf einem eng umgrenzten Spezialgebiet: Sie können beispielsweise als Schreiner kunstvolle Einbaumöbel mit

---

55   https://www.zitate.eu/autor/danny-kaye-zitate/32055 (18.07.2023)

ausgesuchtem und besonders bearbeitetem Holz zimmern oder als IT-Experten die besondere Fertigkeit besitzen, Sicherheitslücken festzustellen und Hackerangriffe abzuwehren. Analoges kann in allen möglichen Branchen beobachtet werden. Besonders gesucht sind heute Superspezialisten auf dem Feld des Cyberspace. Die digitale Sicherheit (*cyber security*) ist auf Superspezialisten der Informationstechnologie angewiesen. Die grassierenden Cyberattacken sind weltweit zu einer gefährlichen Herausforderung geworden. Sie können sowohl als Element der Kriegsführung eingesetzt werden, als auch der kriminellen Erpressung dienen. Ich selbst wurde vor Jahren Opfer eines kriminellen Hackerangriffs. Als ich in etwas schläfrigem Zustand den Anhang einer dubiosen E-Mail öffnete, wurden in Sekundenschnelle die meisten meiner Text- und Bilddateien verschlüsselt. Auf dem Bildschirm erschien eine knallharte Botschaft: Die Gangster boten mir großzügig an, gegen die Zahlung von etwa 1500 Euro, zahlbar auf ein anonymes Konto in Bitcoin, alle Dateien wieder zu entschlüsseln. Ich fand in einem Computer-Laden einen Superspezialisten, der die Tricks kannte, um Verschlüsselungen zu knacken, und sich geschlagen geben musste. Er könne die Gangster nicht überlisten, rate aber davon ab, Geld zu überweisen. Man begebe sich dann vollständig in die Hände der Kriminellen, die Nachforderung stellen oder auch gar nicht reagieren könnten. Gewissermaßen aus Pietät gegenüber meinen Bild- und Textdateien habe ich sie nicht gelöscht. Es ist ein merkwürdiges Gefühl, dass sie einem vor der Nase liegen und doch für immer verschlossen sein werden.

Weder der Kunstschreiner, noch der IT-Spezialist sind *per se* Fachidioten. Sie sind gefragte Fachleute, die mit ihrem Wissen und ihrer Erfahrung wichtige Dienstleistungen vollbringen und dafür gut bezahlt werden. Sie wären dann Fachidioten, wenn sie ihr Handwerk verabsolutieren würden und die Welt für sie nichts anderes als eine Schreinerei oder ein digitales Netzwerk wäre – wenn sie also ihr

Spezialgebiet auf alles andere projizieren und dies für alle anderen zur Norm erklären würden. Insofern können alle Spezialisten zu Fachidioten werden und sie sind wegen ihrer begehrten und bewunderten Kenntnisse und Fertigkeiten tatsächlich dauernd in dieser Gefahr. Dies gilt heutzutage in erster Linie für Leute, die als »Wissenschaftler« auftreten und die Wahrheit sozusagen gepachtet haben. Sie glauben, durch ihre Forschung die Wahrheit zu kennen, ihr zumindest auf der Spur zu sein. Sie entwickeln leicht einen Dünkel, einen professionellen Hochmut, da sie etwas zu besitzen scheinen, was den anderen fehlt. Wer die Wahrheit erkannt hat, weiß, wo es langgeht. Dies wird in dem Augenblick problematisch, wenn davon ein politisch für alle verbindlicher Handlungsbedarf abgeleitet wird. Die ultimative Aufforderung der Klimaretter lautet: *»Follow the science«*. Der Slogan wurde auch in der Corona-Krise gegen alle möglichen »Querdenker« ins Feld geführt, was besonders brisant ist, wenn sich bestimmte Wissenschaftler gegenüber anderen Wissenschaftlern mit abweichender Meinung im Besitz der einzigen Wahrheit wähnen.

Freilich hat der Hochmut von Fachidioten auf dem weiten Feld der Wissenschaft eine entscheidende Voraussetzung: den Nimbus eines Spezialisten, der wie ein Prophet oder Engel die Wahrheit verkündet. Er benötigt ein gläubiges Volk, das ihm lauscht, ihn bewundert, sich von ihm erleuchtet fühlt. Freilich gibt es für diese Volksgläubigkeit keine Garantie. Sie kann innerhalb kürzester Zeit verfliegen, was einer Entlarvung der Fachidioten gleichkommt. Hierzu passt die weise Redensart: »Hochmut kommt vor dem Fall«. Die Fallhöhe kann beträchtlich sein. Die subjektive Tragik eines solchen Vorgangs hat Wilhelm Busch in seiner kleinen Bildgeschichte *Der fliegende Frosch* auf den Punkt gebracht: »Wenn einer, der mit Mühe kaum / gekrochen ist auf einen Baum, / Schon meint, daß er ein Vogel wär, / So irrt sich der.«

Wenn ein Schreiner meint, man müsse alle Möbel genau nach seinen Plänen bauen, da er die einzig wahre Technik des Möbelbaus besäße, und nur er das richtige Rezept für Holzbearbeitung, Zuschnitt, Lackierung und so weiter besitze, so würde man ihn für verrückt halten. Jedem vernünftigen Menschen ist klar, dass es verschiedene Arten des Möbelbaus gibt. Das Problem des Schreiners ist, dass er keinen Nimbus hat, dass er sich nicht auf »die« Wissenschaft berufen kann. Als Spitzenpolitiker in der Corona-Krise den Impfzwang durchsetzen wollten, jeden Einwand diffamierten oder gar kriminalisierten, und sich auf »die« Wissenschaft beriefen, personifiziert von ausgewählten Virologen, galten sie nicht als verrückt, sondern konnten sich als Retter in der Not gerieren. Die Superspezialisten aber, die dieses öffentliche Theater mitspielten und Schulter an Schulter mit gewissen Politikern im medialen Rampenlicht standen, erwiesen sich insofern als Fachidioten, als sie hochmütig glaubten, nur sie hätten die Wahrheit erkannt und könnten davon nun politische Entscheidungen »wissenschaftlich« ableiten. Das Versagen hatte drei Hauptakteure: Wissenschaftler, Politiker, Journalisten. Die peinlichste Fehlleistung begingen bestimmte Wissenschaftler, die ihre Aufgabe der Wahrheitsfindung verfehlten beziehungsweise verrieten und sich von der Politik vereinnahmen ließen. Sie waren vielleicht Opfer ihrer Eitelkeit, aber keine Opfer äußeren Zwangs – sie waren Mittäter.

Während der Corona-Krise wurden Grundrechte eingeschränkt und zeitweilig außer Kraft gesetzt. Alle gesundheitspolitischen Maßnahmen beriefen sich auf Stellungnahmen von Wissenschaftlern – Virologen, Epidemiologen, Biostatistikern –, welche die Politik in diversen »Empfehlungen« zu einem bestimmten Handeln aufforderten, die sich durch zwei Thesen auszeichneten: (1) Die Lage sei wissenschaftlich eindeutig geklärt, »evident«, und (2) davon abgeleitet seien diese oder jene Maßnahmen unverzüglich anzuordnen, sie seien »alternativlos«. Diese Argumentation fand ihre äußerste Zuspitzung in der Impfkampagne, was viele Menschen schmerzlich zu spüren bekamen. Sie reagierten darauf natürlich recht unterschiedlich. *Prima vista* kann man vier Gruppen voneinander abgrenzen: (a) die überzeugten Impfbefürworter, die vorbehaltlos den offiziellen Aussagen Glauben schenkten; (b) die Opportunisten, die sich aus sozialen Gründen impfen ließen (um ins Theater oder auf Reisen gehen zu dürfen); (c) die Impfskeptiker, die zwar den klassischen Impfungen vertrauten, aber den Nutzen des neuartigen m-RNA-Impfstoffs, der nicht regulär getestet worden sei und quasi eine Gentherapie darstelle, bezweifelten und unkalkulierbare Impfschäden befürchteten; und (d) schließlich die strikten Impfgegner, die aus weltanschaulichen, quasi religiösen Gründen Impfungen schlechthin ablehnten.

In der Corona-Krise mutierten angesehene und verdienstvolle Wissenschaftler zu Fachidioten – nicht weil sie in ihrem Denken und Handeln ganz auf ihre Disziplin fokussiert waren, sondern weil sie glaubten, die Gesamtproblematik auf der Grundlage ihre Fachgebiets erkennen und lösen zu können. Die Mutation zum Fachidioten geschieht in dem Augenblick, wo ein Wissenschaftler die vier Wände seines Labors verlässt und der Öffentlichkeit die Welt mit seinem engen Spezialwissen zu erklären versucht. Entsprechende Pressekonferenzen boten illustre Beispiele. Wer plötzlich im Rampenlicht auf der Bühne der Macht steht, ist leicht verführbar: Er glaubt an seine Bedeutung, was zum Hochmut verleitet. Dieser Hochmut des Fachidioten steht in Gegensatz zur Demut eines Wissenschaftlers, der sich der Grenzen und Vorläufigkeit seiner Forschungsergebnisse bewusst ist und der sich vor der Gefahr hütet, zu einem Fachidioten zu werden.

Das labile Gemüt der Deutschen

Die Orte der Weimarer Klassik sind nur zehn Kilometer von dem Gelände des ehemaligen Konzentrationslagers Buchenwald entfernt – Autos benötigen etwa zehn Minuten, Fußgänger etwa eineinhalb Stunden, um den Weg vom Himmel der deutschen Geistesgeschichte zur Hölle des Nationalsozialismus zurückzulegen. Wir können beide Ereignisse – Weimar und Buchenwald – als Kehrseiten ein und derselben Medaille ansehen. Wie konnten diese Extreme so dicht zusammenrücken? Litten die Deutschen an einem Jekyll-und-Hyde-Syndrom, woran man in Anlehnung an Sebastian Haffners brillante Analyse denken könnte, die er zu Beginn des Zweiten Weltkriegs im Londoner Exil veröffentlichte?[56] Dass Menschen Engel und Teufel in einer Person sein können, ist allgemein bekannt. Es gibt genügend Beispiele: KZ-Kommandanten als liebevolle Familienväter, Mafia-Killer als soziale Wohltäter und so weiter. Aber kann sich ein so abgründiger Zwiespalt auch bei einer Bevölkerung, einem Volk, einer Nation auftun? Gustave Le Bon sprach von einer Massenseele, die aus einer »Rassenseele« hervorgehe. Ich möchte mich nicht in theoretischen Spekulationen, psychologischen Erklärungen, begrifflichen Definitionen verlieren. Es gibt jedoch merkwürdige Phänomene, welche die labile Gemütslage der Deutschen anzeigen.

Ihr seltsames Schwanken zwischen Friedenssehnsucht und Kriegsbegeisterung ist auffallend. Ich erinnere mich an erbittert geführte Debatten um die »Kriegsdienstverweigerung«, an Ostermärsche und Großdemonstrationen, die in Deutschland vor dem Hintergrund der verheerenden Folgen des Zweiten Weltkriegs

---

56 Sebastian Haffner: *Germany. Jekyll & Hyde.* London 1940. (deutsche Ausgabe *Germany. Jekyll & Hyde. Deutschland von Innen betrachtet*, Berlin 1996)

selbstverständlich einen pazifistischen Charakter hatten. »Nie wieder Krieg!« – Käthe Kollwitz prägte mit ihrem Plakat von 1924 das bis heute populäre Schlagwort.[57] Während der Pazifismus vor Ausbruch des Ersten Weltkriegs auf kulturpolitischem Feld kaum eine Rolle spielte, bekam er angesichts der schrecklichen Kriegsfolgen in der Weimarer Republik starken Auftrieb. Die überwältigende Resonanz, auf die der Roman *Im Westen nichts Neues* (1928) von Erich Maria Remarque stieß, lässt auf eine breite antimilitaristische Stimmung schließen. Die jüngste Verfilmung dieses Weltbestsellers unter der Regie von Edward Berger ging bei der Oscar-Preisverleihung 2023 als bisher erfolgreichster deutscher Beitrag in diesem Rahmen hervor[58] – just zu einem Zeitpunkt einer weiteren Eskalation des Ukraine-Kriegs. Stimmen, die zu Waffenstillstand und Friedensverhandlungen aufrufen, finden im Deutschland dieser Tage kein Gehör. Sie werden von tonangebenden Politikern und Medien als »Putin-Versteher« und Verräter diffamiert. Das vorherrschende Narrativ (um diesen modischen Ausdruck einmal zu gebrauchen) lautet: Die Ukraine sei völkerrechtswidrig von einem autokratischen Regime überfallen worden, das brutale Kriegsverbrechen, ja vermutlich sogar einen Genozid begehe. Solidarität mit den Ukrainern, den heldenhaften Verteidigern »unserer westlichen Werte« sei angesagt. Die Lieferung von schweren Waffen, insbesondere Panzern, sei zwingend notwendig, da in der Ukraine auch »unsere« Freiheit verteidigt werde. Die Evangelische Kirche in Deutschland (EKD) in Gestalt ihrer Ratsvorsitzenden Annette Kurschus befürwortete sie, wenn auch nur halbherzig, mit dem Hinweis auf das Recht zur Selbstverteidigung: Die Entscheidung für solche Lieferungen sei nicht unchristlich[59]: »Waffen

---

57 https://skd-online-collection.skd.museum/Details/Index/1086172 (4.04.2023)
58 https://www.wikiwand.com/de/Im_Westen_nichts_Neues_(2022) (4.04.2023)
59 https://www.ekd.de/kurschus-entscheidung-zu-waffenlieferung-nicht-unchristlich-74047.htm (4.04.2023)

für die Ukraine sind Pflicht christlicher Nächstenliebe.«[60] Und Bundespräsident Frank-Walter Steinmeier sprach auf dem Deutschen Evangelischen Kirchentag in Nürnberg am 7. Juni 2023 den denkwürdigen Satz aus: »Es ist auch Zeit für Waffen.«[61]

Was verstehe ich unter »labiler Gemütslage«? Die allgemeine Antwort lautet: Wenn sich eine lauthals immer wieder verkündete Gesinnung oder Haltung plötzlich in ihr Gegenteil verkehrt. Wenn aus Friedensbewegten Kriegstreiber werden, wenn sich Lämmer in Wölfe verwandeln, wenn aus gesetzestreuen Bürgern rücksichtslose Gewalttäter werden (aber auch das Gegenteil kann vorkommen). Ich erinnere mich an die bildliche Darstellung des labilen Gleichgewichts im Physikunterricht: Eine Kugel ruht auf dem Scheitel eines Halbkreises, der nach unten gebogen ist. Eine winzige Erschütterung genügt, und er rollt auf einer der beiden Seiten herunter. Auf welcher ist nicht vorhersagbar. Winston Churchill soll 1943 nach der Niederlage der Wehrmacht in Nordafrika gesagt haben : *»The Hun is always either at your throat or at your feet.«*[62] (Zumeist übersetzt als »Man hat die Deutschen entweder an der Gurgel oder zu Füßen«.[63])

Man könnte auch sagen: Das einzig Stabile in der deutschen Geschichte ist ihre Labilität. Die Deutschen sind sich ihrer selbst nicht sicher. Sie trauen sich selbst ebenso wenig über den Weg, wie ihre Nachbarn es ihnen gegenüber tun. Dies ist verständlich, wenn wir die historischen Ereignisse bedenken. Das Trauma von 1933 hat eine unheilbare Wunde gesetzt: den Höllensturz einer hochentwickelten Kulturnation. An diesem historischen Ereignis setzt zumeist eine Debatte über die Schuldfrage ein. Auf den Begriff der Kollektivschuld

---

60   https://lautenist.livejournal.com/491328.html (7.07.2023)
61   https://www.faz.net/aktuell/politik/inland/steinmeier-fordert-beim-evangelischem-kirchentag-waffen-fuer-ukraine-18948559.html (10.06.2023)
62   https://winstonchurchill.org/the-life-of-churchill/war-leader/1943-1945/churchills-fighting-speech-to-us-congress/ (4.04.2023)
63   https://www.gutzitiert.de/zitat_autor_sir_winston_churchill_thema_deutsche_politik_zitat_931.html (4.04.2023)

will ich hier nicht eingehen, ebenso wenig auf die Anstrengungen, diesen etwa mit dem Hinweis auf den destruktiven Charakter des Versailler Vertrags zu relativieren. Auch der »Historikerstreit« 1986/87 soll hier außer Betracht bleiben. Es geht mir vielmehr um ein Verständnis der labilen Gemütslage angesichts der aktuellen Serie von »Krisen«, die sich überlagern, einander ablösen, sich miteinander vermischen und mit dem Ukraine-Krieg, der »Zeitenwende«, so Olaf Scholz in seiner Regierungserklärung vom 27. Februar 2022, ihren vorläufigen Höhepunkt erreicht haben.

Die relative Ruhe im Land ist trügerisch. Sie beruht nicht auf einem stabilen, sondern auf einem labilen Gleichgewicht. Bei der geringsten Erschütterung kann die Kugel herunterrollen, ohne dass man vorhersagen könnte, welche Richtung sie nimmt: *»You never know«*. Der springende Punkt ist aber, dass die Deutschen dies intuitiv im kollektiven Unbewussten, jenem eigentümlichen Gedächtnis, spüren. Sie sind sich ihrer selbst nicht sicher und hegen wegen ihrer historischen Traumata, die ja viel weiter zurückreichen als das »Dritte Reich«, Argwohn gegen sich selbst, misstrauen ihren Fähigkeiten. Wenn ich im Gespräch die direkte Demokratie nach schweizerischem Vorbild anspreche und sie auch für Deutschland als wünschenswert erkläre, so kommt regelmäßig die erschrockene Reaktion: Bloß nicht, das wäre doch sehr gefährlich, denn man würde dann sicher für die Todesstrafe votieren und fremdenfeindliche Initiativen auf den Weg bringen! Ein Schlüsselerlebnis: Als die Franzosen 2005 den Vertrag über eine Europäische Verfassung in einem Referendum ablehnten, saß ich abends in einer honorigen Runde in Bonn und stellte laut die Frage: »Wäre es nicht angebracht, auch in Deutschland das Volk zu befragen?« Die Mienen der Gesprächspartner erstarrten, man schaute mich erschrocken an, dann sagte eine bekannte Person des öffentlichen Lebens: »Aber Herr Schott, man kann doch in einer so wichtigen Sache nicht das Volk entscheiden lassen!« Dieser eine Satz ist bei mir hängengeblieben und bleibt unvergesslich. Er bringt das Misstrauen (und letztlich die Verachtung) gegenüber dem eigenen Volk auf den Punkt. In wichtigen Fragen müssen die »Entscheidungsträger« – ein schönes deutsches Kompositum – das letzte Wort haben und nicht der dumme Pöbel.

Eingedenk von Heinrich Manns Roman *Der Untertan* (1914/1918) könnte man sagen: Nicht der Kaiser ist das Problem, so mächtig und pompös er auch auftreten mag, sondern der Untertan, der ihn vergöttert und ihm zu Füßen liegt. Ihm fehlt es an Freiheitsliebe und Selbstachtung. Doch wo diese fehlen, kommt es zu einer labilen Gemütslage. Das nach dem Zweiten Weltkrieg geteilte Deutschland ist hierfür ein imposantes Beispiel. Die DDR folgte gehorsam der Sowjetunion, die BRD den USA. Auf der einen Seite lernten die Schüler (widerwillig) Russisch, auf der anderen (bereitwillig) Englisch. Es gab östlich des Eisernen Vorhangs gegenüber der Sowjetunion sicher kein anhänglicheres Staatsgebilde als die DDR und westlich davon gegenüber den USA kein anhänglicheres als die BRD. Jahrzehntelang trennten Eiserner Vorhang und Berliner Mauer die beiden Sphären.

Ich fragte einmal eine polnische Studentin, was geschehen wäre, wenn Warschau durch eine Mauer getrennt worden wäre. Sie lächelte, sagte dann mit großem Nachdruck und für deutsche Ohren ziemlich pathetisch: »Die Mauer würde nicht lange stehen, die Menschen würden sie einreißen, es würde wahrscheinlich Blut fließen und es gäbe Tote – aber man würde sie nicht stehen lassen.« Aus deutscher Sicht wäre ein solches Verhalten irrational, völlig sinnlos, da zum Scheitern verurteilt. Für die Polin waren Freiheitsliebe und Selbstachtung nicht verhandelbar – berauschende Tugenden, die nicht nur im Nachkriegsdeutschland befremdlich erschienen, sondern auch im frühen 21. Jahrhundert keine besondere Wertschätzung erfahren. Die Gründe sind in der Geschichte Deutschlands zu suchen: Im

Schlüsselbegriff der Wende spiegelt sich die historische Erfahrung und politische Labilität der Deutschen vorzüglich wider.

Wendezeiten – Zeitenwende

Das Verb »wenden« wird im *Deutschen Wörterbuch der Brüder Grimm* ausführlich untersucht.[64] Zwei Grundbedeutungen sind zu unterscheiden: Zum einen kann es hinsichtlich der Richtung oder Lage »umdrehen«, »umkehren« meinen: z.B. »einen Wagen wenden«. Zum anderen kann es Ziel- und Richtungsbestimmungen verschiedener Art anzeigen im Sinne von »drehen«, »kehren«, »lenken«: z.B. »den Kopf wenden« oder »sich an einen Rechtsanwalt wenden«. Diese beiden Grundbedeutungen möchte ich im Blick behalten, wenn ich mich nun mit dem politischen Begriff der Wende befasse. Die friedliche Revolution in der DDR 1989/90 wird allgemein als »Wende« oder auch »Wendezeit« bezeichnet. Niemand hatte mit diesem Ereignis gerechnet, niemand konnte sich zuvor die sang- und klanglose Implosion der DDR vorstellen, deren Führung noch am 7. Oktober 1989 den 40. Jahrestag ihrer Gründung mit einer großen Ehrenparade der Nationalen Volksarmee glanzvoll gefeiert hatte.[65] Niemand konnte sich vorstellen, dass der Zusammenbruch des Staates und das Ende des SED-Regimes ohne Blutvergießen vonstatten gehen würde, und kaum jemand hielt eine Wiedervereinigung in absehbarer Zeit für denkbar. Und dann passierte das Unvorstellbare: eine Wende, die weltweit als Wunder empfunden wurde. Aber keine Wende ohne »Wendehälse«, wie gewisse Opportunisten nach dem Zusammenbruch der DDR bezeichnet wurden.

---

64   https://www.dwds.de/wb/wenden (7.04.2023)
65   https://www.wikiwand.com/de/
      Ehrenparade der Nationalen Volksarmee zum 40. Jahrestag der DDR (7.04.2023)

Endlich war den Deutschen, zumindest einem Teil von ihnen, ein Revolution geglückt, und dazu noch eine friedliche! Zur Wahrheit gehört aber auch, dass sie ohne einen mächtig-ohnmächtigen Schirmherrn nicht möglich gewesen wäre, nämlich Michail Gorbatschow. Damit aber ist das politische Ereignis – quasi ein Schwarzer Schwan oder Weißer Rabe (siehe Seite 61 ff.) – keineswegs kausal zu erklären. Immerhin verhinderte er nicht die Wiedervereinigung, den Betritt der DDR zur Bundesrepublik Deutschland. Als er am 3. September 2022 in Moskau beigesetzt wurde, nahmen mit Ausnahme des ungarischen Ministerpräsidenten Viktor Orbán keine ranghohen Politiker aus westlichen Ländern an der Trauerfeier teil. Deutschland werde, wie die *tagesschau* (ARD) berichtete, nach einer Mitteilung des Auswärtigen Amts »protokollarisch« vom (namentlich nicht genannten) Geschäftsträger der Deutschen Botschaft in Moskau vertreten, da der deutschen Botschafter an Corona erkrankt sei.[66] Ich empfand diese Umstände wahrlich zum »Fremdschämen«. Warum konnten die staatlichen Repräsentanten der Bundesrepublik ihm, ohne den es keine friedliche Revolution und keine Wiedervereinigung gegeben hätte, nicht symbolisch angemessen die letzte Ehre erweisen?

Doch schon vor der Wende 1989/90 gab es in der Bundesrepublik einen Regierungswechsel, der explizit auch als »geistig-moralische Wende« deklariert wurde: nämlich der von Helmut Schmidt auf Helmut Kohl im Jahr 1982.[67] In letzter Zeit sind wir mit einer Reihe von »Wenden« konfrontiert worden – ökologisch motivierten Agenden mit einschneidenden Folgen für die gesamte Gesellschaft: Verkehrswende, Energiewende, Klimawende, Ernährungswende, Landwende und so weiter bis hin zur »Zeitenwende in der Geschichte unseres Kontinentes«, die Bundeskanzler Olaf Scholz wie bereits erwähnt,

---

66 https://www.tagesschau.de/ausland/europa/gorbatschow-beerdigung-101.html (7.04.2023)
67 https://www.wikiwand.com/de/Geistig-moralische_Wende (8.07.2023)

einige Tage nach der russischen Invasion der Ukraine am 27. Februar 2022 verkündete. Letztere bedeutet eine politische Kehrtwende, einen Kurwechsel in die entgegengesetzte Richtung (Wende um 180 Grad), statt Zusammenarbeit Abbruch der Handelsbeziehungen, statt Friedens- Kriegspolitik.

Im Gedicht »Frühlingsglaube« von Ludwig Uhland, das von Franz Schubert vertont wurde, drückt das Verb »wenden« die Sehnsucht des Romantikers nach belebender Verwandlung aus:

> *Die linden Lüfte sind erwacht,*
> *sie säuseln und wehen Tag und Nacht,*
> *sie schaffen an allen Enden.*
> *O frischer Duft, o neuer Klang!*
> *Nun, armes Herze, sei nicht bang!*
> *Nun muß sich alles, alles wenden.*

Ich vermute, dass sich im leicht entfachbaren Wendefieber der Deutschen nicht nur die Gefahrenabwehr, die Angstbewältigung ausdrückt, sondern zugleich auch ein ›»Frühlingsglaube«. Letztlich geht es bei der propagierten Klimarettung um die Wiedergewinnung der ursprünglich reinen Natur, um eine Rückkehr ins Paradies, aus dem der Mensch aus eigener Schuld vertrieben wurde. Die technokratische Argumentation der Klimaforschung, auf die sich die radikalökologischen Bewegungen berufen, verdeckt ihre naturphilosophische Motivation, die einer verkappten Schwärmerei gleichkommt. Sie beziehen sich nicht auf einen Uhland, sondern auf »C02-Fußabdrucke« und »Kipppunkte«. Technische Messwerte und abstrakte Rechenmodelle können aber kaum die Vehemenz erklären, womit mehr oder weniger gewaltbereite »Aktivisten« auftreten. Hier sind ideengeschichtliche Prägungen im kollektiven Unbewussten im Spiel. Hierzu zählt die Penetranz der romantischen Naturphilosophie, deren Schubkraft in der deutschen Kultur- und Sozialgeschichte bemerkenswert ist, von der Naturheil- und Lebensreformbewegung bis hin zu unterschiedlichen Bewegungen mit ökologischer Zielsetzung in der Gegenwart.

Es gibt allerdings noch eine frühere geistesgeschichtliche Quelle der Beunruhigung: den Chiliasmus, auch Millenarimus genannt. Mit der Wiederkunft Christi sollte ein Tausendjähriges Reich anbrechen. Diese Idee einer radikalen Zeitenwende war insbesondere in der frühen Neuzeit für gewisse religiöse Strömungen im Protestantismus (u. a. Quäker, radikaler Pietismus, Erweckungsbewegungen) von Bedeutung. Weltuntergang, Apokalypse, Jüngstes Gericht, Weltrettung, Anbruch eines paradiesischen Zeitalters sind im heutigen »säkularen Millenarismus« durchaus präsent. Es handelt sich um sozialutopische Heilslehren einer Bewegung, die aus dem gegenwärtigen Elend herausführen und in ein tatsächlich erreichbares Paradies auf Erden einmünden soll. Paradies – Vertreibung/Entfremdung – Erlösung/Rückkehr ins Paradies ist ein Dreischritt, der für die marxistische Geschichtsauffassung fundamental ist und von dem Philosophen und Soziologen Ernst Topitsch als Erlösungslehre charakterisiert wurde.[68] Auch in der nationalsozialistischen Ideologie spielt diese Geschichtsauffassung eine enorme Rolle (»Tausendjähriges Reich«), wo anstelle von Jesus Christus der »Führer« die Weltbühne betritt. Auf esoterische Sekten möchte ich nicht eingehen, bei denen Weltuntergang und Welt- oder besser gesagt: Selbstrettung als Dreh- und Angelpunkt erscheinen.

Die beiden Komposita »Zeitenwende« und »Wendezeiten« charakterisieren die geistige Situation der Gegenwart, den »Zeitgeist«. Eine Epoche, so suggerieren sie, geht zu Ende, eine neue steht bevor, ein Blatt im Buch der Geschichte wird gewendet. Die politisch umstrittene Redeweise von *The Great Reset* drückt unter dem Eindruck der Corona-Pandemie die Überzeugung aus, dass »Der Große

---

68 Ernst Topitsch: Marxismus und Gnosis. In: *Sozialphilosophie zwischen Ideologie und Wissenschaft.* Neuwied, 1961, S. 235-270.

Umbruch« aus ökologischen und sozialpolitischen Gründen absolut notwendig sei und und in Angriff genommen werden müsse.[69] Wer vor Jahrzehnten mit den damals störanfälligen Computern gearbeitet hat, kennt unweigerlich das Schreckenswort »Absturz«: Der Bildschirm wurde schwarz oder flimmerte irrsinnige Muster und der Rechner reagierte auf keine Eingabe mehr, nicht gespeicherte Daten gingen verloren. Das Rettungswort lautete »Reset«, Neustart, der oft mit erheblicher Mühe verbunden war. Nun gibt es recht verschiedene Vorstellungen vom *Great Reset*. Während die einen Kapitalismus und Klimawandel nach ihren Vorstellungen in den Griff nehmen und regulieren wollen, würden sich andere mit der Reparatur der maroden Infrastruktur – etwa des Straßen- und Schienennetzes oder der Behebung des Pflegenotstands – begnügen.

Wer ein politische Idee als innovativ, zukunftsweisend, alternativlos darstellen will, wird auf das Wort »Wende« zurückgreifen. Die ideologische Durchsetzung der »Energiewende« ist hierfür ein anschauliches Beispiel. Auch wer einen politischen Regierungs- oder Systemwechsel als grundlegend neue Ausrichtung verkünden will, wird sich des Schlagworts bedienen. Als Helmut Kohl durch ein konstruktives Misstrauensvotum im Bundestag Helmut Schmidt als Bundeskanzler ablöste, sprach er, wie oben erwähnt, von einer »geistig-moralischen Wende«.[70] Zeithistoriker setzten sich mit diesem Sprachgebrauch auseinander.[71]

Die deutsche Geschichte kennt viele Wenden. Eine Wendezeit scheint die nächste abzulösen, so dass man den Eindruck einer permanenten Rotation hat, einer ständigen Umdrehung (in doppeltem Wortsinn) – Schwindel erregend und beunruhigend. Könnte es nicht

---

69   Klaus Schwab, Thierry Malleret: *COVID-19: Der Große Umbruch.* Genf 2020.
70   https://www.wikiwand.com/de/Wende_(Bundesrepublik_Deutschland) (10.04.2023)
71   Hans-Peter Schwarz: *Die Langzeitwirkungen der Wende 1982/83* [Vortrag 2011]; https://www.kas.de/c/document_library/get_file?uuid=a3c590f9-68f1-ef5f-b8e7-a96bbc435560&groupId=252038 (10.04.2023)

sein, dass die Mehrheit der Deutschen einfach in Ruhe gelassen werden möchte von lauthals verkündeten Wenden? Dass sie ein tiefes Unbehagen spürt, wenn ihr immer wieder gerade dann der Boden unter den Füßen weggezogen wird, wenn man einigermaßen Tritt gefasst hat und auf festem Grund zu stehen glaubt? Dass bei ihr die Alarmglocken läuten, wenn führende Politiker wieder einmal von einer Wende schwadronieren? Wenn Verheißungen sich in einen Fluch verwandeln? Wahrscheinlich ist das Wort »Wende« ein gutes Beispiel für das Funktionieren der »Euphemismus-Tretmühle«.[72] Die »Energie-Wende« sollte zu einer ökologisch wie ökonomisch erfolgreichen neuen Form des Wirtschaftens, gar zu einem neuen Wirtschaftswunder führen. Ihr desasträses Scheitern wird immer offensichtlicher. »Wende« wird damit als ein Euphemismus empfunden, der ursprünglich Gutes verhieß, jetzt aber fürs Gegenteil steht. Jeder, der ein wenig mit der Wissenschaftspolitik vertraut ist, kennt den Begriff der »Optimierung«. Wenn auch nicht immer, so ist er doch in der Regel eine Synonym für »Einsparung« beziehungsweise »Einsparpotenzial«. Nun ist es sicher vernünftig, vorhandene Ressourcen optimal zu nutzen und ihre Verschwendung zu vermeiden. Wenn aber Stellen- und Mittelkürzungen bei der Grundausstattung von Hochschulen als »Optimierung« bezeichnet werden, sind wir mit der oben genannten Tretmühle konfrontiert. Wem eine solche Maßnahme in Aussicht gestellt wird, erschrickt. Denn er muss eine Beschneidung seiner Ressourcen befürchten.

Doch kommen wir noch einmal auf den Begriff »Zeitenwende« zurück. Die Gesellschaft für deutsche Sprache e.V. kürte ihn unter dem Eindruck des oben erwähnten Verdikts von Bundeskanzler Olaf Scholz zum »Wort des Jahres 2022«.[73] Wenn »Zeitenwende« einst für den Beginn der christlichen Zeitrechnung, also Christi Geburt, steht, deutet

---

72 https://www.wikiwand.com/de/Euphemismus-Tretm%C3%BChle (10.04.2023)
73 https://gfds.de/wort-des-jahres-2022/ (14.04.2023.

die aktuelle Verwendung auf den Beginn eines neuen Zeitalters des Krieges und Unheils hin. Im ersten Fall verweist der Begriff »Wende« auf einen Aufgang, ein Hellwerden, im zweiten auf eine Untergang, ein Dunkelwerden. Als ich an einem Winterabend Anfang Januar 2023 bei Dunkelheit aus der Nähe auf den Kölner Dom blickte, konnte ich nur schemenhaft die beiden Türme erahnen. Auf ihren Spitzen war ein Warnlicht für Hubschrauber zu sehen. Die Verdunkelung ließ mich unwillkürlich an die Verdunklungsverordnungen während des Zweiten Weltkriegs denken, von denen mir meine Großmutter erzählt hatte, womit feindlichen Bombern der Zielabwurf erschwert werden sollte. Die Wirkungslosigkeit der Maßnahme kann man auf Luftaufnahmen der zerstörten Stadt studieren. Diesmal sollte der Energieverbrauch soweit als möglich gedrosselt werden, um die Boykottmaßnahmen russischer Energielieferungen auszugleichen. Seit dem Ende des Zweiten Weltkriegs hatte man das Kölner Wahrzeichen angestrahlt. Die Verdunklung führte mir die »Zeitenwende« vor Augen.

Evolutionstheorie als ideologische Falle

Als Charles Darwins Hauptwerk *On the Origin of Species* 1859 im Zeitalter der aufblühenden Natur- und Lebenswissenschaften erschien, wurde seine Evolutionstheorie als revolutionärer Neuansatz der Biologie wahrgenommen, der weit über die akademische Welt hinaus in das kulturelle und soziale Leben ausstrahlte.[74] Die neue Lehre wurde von den einen begeistert gefeiert und von den anderen vehement abgelehnt. Während beispielsweise der Jenaer Zoologe Ernst Haeckel Darwins Evolutionstheorie in Deutschland

---

74 *On the origin of species by means of natural selection, or the preservation of favoured races in the struggle for life.* London 1859.

enthusiastisch aufgriff und zur Grundlage eigener Forschungen nahm,[75] verurteilte sie der prominente katholische Politiker Georg von Hertling als Irrlehre, als »geistige Epidemie«[76] Doch soll es nicht meine Aufgabe sein, dieses überaus bedeutsame Kapitel der Wissenschaftsgeschichte näher zu beleuchten. Mir kommt es vielmehr darauf an, den darwinistisch geprägten Begriff der Evolution oder Entwicklung in seiner gegenwärtigen Reichweite zu betrachten. Er wird als Schlagwort überall eingesetzt: Embryonalentwicklung, Stadtentwicklung, Entwicklung der Menschheit, Entwicklung des Weltalls.

Die Ikonografie zur Evolution des Menschen hat eindrucksvolle Bilder zu bieten. Jeder hat schon einmal eine der Illustrationen zur Entwicklung vom Affen zum Menschen vor Augen gehabt, wo von links nach rechts beginnend mit dem Orang-Utan die verschiedenen Stufen auf einer waagrechten Linie bis hin dem aufrecht auf zwei Beinen gehenden Menschen gezeigt werden – der Krönung der Schöpfung. Karikaturhaft wird dann die Entwicklung des *Homo sapiens* selbst noch einmal eigens aufgeschlüsselt: vom Steinbeil schwingenden affenähnlichen Urmenschen bis hin zum Anzug tragenden *business man* mit Aktentasche unterm Arm. Die im Bild mitgeteilte Wertung ist nicht zu übersehen: Es geht um die Höherentwicklung des Menschen, um das Hintersichlassen primitiver Vorstufen. Auf die Besonderheiten der Rassenbiologie mit ihren praktischen Folgerungen möchte ich hier nicht eingehen. Die Evolutionstheorie blieb nicht bei der Naturforschung oder -beschreibung à la Darwin oder Haeckel stehen. Sie enthielt unweigerlich die Idee, die Entwicklung des Menschen zu fördern, ihn auf eine höhere Stufe zu heben. Zwei Methoden kamen zur Anwendung: Die physische der Eugenik, die dem Muster der (Tier-)Zucht folgt, und eine psychische der Umerziehung, die einer Art

---

75 Ernst Haeckel: *Generelle Morphologie.* Berlin 1866.
76 Ernst Haeckel: Georg von Hertling: *Der Darwinismus, eine geistige Epidemie.* Frankfurt am Main 1880.

90

Gehirnwäsche gleichkommt. Im Nationalsozialismus gingen beide Methoden ineinander über, während im Bolschewismus die Umerziehung zum richtigen Klassenbewusstsein im Mittelpunkt stand. Das Ziel war beide Male der »neue Mensch«. Dabei ging es nicht um ein gebildetes Individuum mit einer auf Selbsterziehung beruhenden Moral, sondern um den uniformen Massenmenschen, der im Sinne der Machthaber funktionieren würde. (Es ist tragisch, wie sehr Nietzsches Rede vom »Übermenschen« oder »Herrenmenschen« im totalitären Kontext missverstanden wurde.)

An dieser Stelle zeigt sich die ideologische Falle: Evolution zielt auf Höherentwicklung, *enhancement*, Verbesserung ab. Man glaubte allen Ernstes, sein utopisches Ziel erreichen zu können: sei es das Arbeiter- und Bauernparadies einer zukünftigen klassenlosen Gesellschaft, sei es der gesunde, »reine« Volkskörper in einer zukünftigen völkischen Gesellschaft. Diese beiden Evolutionsphantasmen sind inzwischen außer Mode, nicht aber entsprechende Impulse, die von der Entwicklungsidee ausgehen. Dies ist heute vor allem bei der Debatte über den Klimawandel zu beobachten. Die »Klimaaktivisten« verschiedener Couleur sind von vier Grundannahmen absolut überzeugt: nämlich (1) dass der Klimawandel durch die Erderwärmung zur Katastrophe führt, (2) dass er primär durch die CO_2-Emissionen menschengemacht ist, (3) dass die Erderwärmung durch umfassende Gegenmaßnahmen bekämpft werden kann und muss, und (4) dass diese Erkenntnis der wissenschaftlichen Wahrheit entspricht und alle, die daran zweifeln, als »Klimaleugner« aus dem Diskurs auszuschließen sind. Im Horizont dieser Weltanschauung spielen die Begriffe Freiheit und Demokratie keine Rolle mehr. Oberflächlich gesehen handelt es sich um eine technokratische Regulierungsmaschinerie, der sich alles unterzuordnen hat. Aber die tatsächliche Triebkraft geht von einer verborgenen religiösen Emotion aus. (Auf die mächtigen Akteure im Hintergrund und ihre ökonomischen Interessen sowie propagandistischen Instrumente wie NGOs kann ich aus fachlichen Gründen nicht eingehen.) Demnach lebt der Mensch in einer von ihm selbst verdorbenen Welt, er ist »degeneriert«, sich selbst »entfremdet«, wie anthropologische Diagnosen Ende des 19. Jahrhunderts lauteten. Er hat sich durch seine Dienstbarmachung der Natur an dieser versündigt und ist zur Umkehr aufgerufen. Das von der Wissenschaft jüngst proklamierte neue Zeitalter des »Anthropozäns« ist ein Appell zur Umkehr. Der Begriff wurde im Jahr 2000 von dem Chemiker und Nobelpreisträger Paul Crutzen eingeführt.[77] Er sendet eine Botschaft der Machbarkeit aus: Wenn der Mensch der entscheidende Faktor der Naturzerstörung ist, so steht es auch in seiner Macht, diese wieder gutzumachen. Wer daran zweifelt, erweist sich als böse, denn er verweigert sich der Umkehr zum Guten. Die Religionsgeschichte kann davon erzählen, wie mit Apostaten, Ungläubigen, Ketzern in den verschiedenen Epochen verfahren wurde. Analoges gilt für die politische Geschichte, die Auskunft über das Schicksal von »Volksverrätern«, »Klassenfeinden«, »Renegaten«, »Defätisten« geben kann.

Was macht die Attraktivität der Evolutionstheorie aus? Sie scheint wissenschaftlich zweifelsfrei erwiesen zu sein, kann missliche Erscheinungen als Entwicklungsstörungen deuten, für die der Mensch Verantwortung trägt und aus dieser Diagnose therapeutische Maßnahmen ableiten, die alternativlos erscheinen. Wer will schon die Energiewende kritisieren, wenn sie doch unseren Planeten für »unsere Kinder und Enkel« lebenswert erhalten will?

Doch die Evolutionstheorie leidet an einem unheilbaren Paradoxon, mit anderen Worten: Sie hat einen »Pferdefuß«. Sie muss den Tod ausblenden, um ihre Logik ungebrochen durchhalten zu können. Wenn der Darwinismus die Gesetzmäßigkeit der Höherentwicklung mit der

---

77 https://www.wikiwand.com/de/Paul_Crutzen (16.04 2023)

»*natural selection*« (natürliche Auslese) begründet, welchen Sinn macht dieser Prozess angesichts des unvermeidbaren Endes des Planeten?[78] Was entwickelt sich da für ein Leben, dessen Auslöschung schon von Anfang an feststeht und bei biologischen Organismen ohnehin vorprogrammiert ist? So drängt sich der Verdacht auf, dass alle Anstrengungen, die dem Evolutionsgedanken folgen, darauf gerichtet sind, die Nichtigkeit ihres Tuns vergessen zu machen. Die Klimaforscher beispielsweise müssen so tun, als ob es in der Verfügungsgewalt des Menschen stünde, das Klima zu »retten«. Aber angesichts der Unwägbarkeit von Naturereignissen (Vulkanausbrüche, Veränderungen Sonnenaktivität, Meteoriteneinschlag und dergleichen) ist die Reichweite menschlicher Macht in Frage gestellt. Es gibt hierzu zwei unterschiedliche Einstellungen: Die einen sind sich dessen demütig bewusst, ohne in Verzweiflung zu geraten und handlungsunfähig zu werden; die anderen glauben, durch konsequentes und falls nötig radikales Handeln die Bedrohungen in den Griff zu bekommen. Im Bemühen, die »Klimakatastrophe« abzuwenden, zeigt sich auch die Wiederkehr religiöser Bußübungen und magischer Beschwörungen in zeitgemäßer Form.

Vielleicht müsste hier eine Philosophie des Absurden im Sinne von Albert Camus ansetzen, die keineswegs trostlos ist. Aber gegenüber dem vorherrschenden Entwicklungsdenken erscheint sie zu bedeutungslos, um sich mit ihr zu beschäftigen. Erst wenn wir die Absurdität von »Entwicklung« bemerken, haben wir die Chance, dass sich uns ein Raum der Freiheit eröffnet, in dem wir getrost sinnvoll handeln können, ohne von einem übergeordneten Sinn ausgehen zu müssen.

Übrigens ist der Evolutionsgedanke auch in Kosmologie und Astrophysik gegenwärtig. Die im 20. Jahrhundert begründete

---

78 Die eskapistische Idee eines Elon Musk, Menschen könnten sich auf Dauer auf dem Mars ansiedeln, möchte ich nicht kommentieren.

Urknalltheorie gehört dazu. Auch das Weltall hat demnach eine Geschichte, die vor 13,8 Milliarden Jahren begonnen haben soll. Seither dehnt es sich stetig aus. Manch populäre Spekulation steht im Raum und wird von der Fachwelt zumeist abgelehnt. Als Beispiel sei auf den Psychoanalytiker Immanuel Velikovsky verwiesen, dessen Hauptwerk *Worlds in Collision* 1950 erschien.[79] Er deutete kulturhistorisch bezeugte Katastrophen als gewaltige kosmische Ereignisse, die jedoch verdrängt worden seien. Seine psychologische Deutung bezog sich insbesondere auf Sigmund Freuds *Die Traumdeutung.* Doch auch Kritiker von Velikovskys Ansatz müssen zugeben, dass es alles umstürzende Ereignisse gegeben hat, geben kann und geben wird, die unsere Idee von Evolution empfindlich stören und ihr widersprechen. Sofern es um menschengemachte Katastrophen – vom Atomkrieg bis zur Klimakatastrophe – geht, scheint die Idee der Evolution unanfechtbar zu sein. Sie gibt die Leitlinie vernünftigen Handelns im Sinne einer Weiter- und Höherentwicklung vor. Jeder, der dies stört oder gar verhindert, handelt verwerflich. Der Mensch scheint es selbst in der Hand zu haben, solche »Fehlentwicklungen« zu verhindern beziehungsweise rückgängig zu machen. Ganz anders verhält es sich, wenn die vom Menschen unabhängige Natur »revoltiert« und der Mensch ihren Schlägen ohnmächtig ausgeliefert ist.

Ich weiß vom Bestreben sozialpolitisch engagierter Wissenschaftler gerade aus Disziplinen der Natur- und Lebenswissenschaften, die Evolutionsbiologie stärker in den Schulunterricht zu integrieren, um im Sinne der Aufklärung gegen fundamentalistische Strömungen wie den Kreationismus anzugehen. Hier meint man nach dem traditionellen Muster »Wissenschaft kontra Aberglauben« auf Seiten der Wahrheit zu stehen. Dieser Anspruch kann aber nur dann erfüllt

---

79 Deutsche Übersetzung von Fritz W. Gutbrod: *Welten im Zusammenstoß. Als die Sonne still stand.* Stuttgart 1951.

werden, wenn »Wissenschaft« nicht selbst als religiöse Dogmatik auftritt, die keine Zweifel an ihren Lehren zulässt. Wenn wir den gegenwärtigen Diskurs auf dem Feld der Medizin und Ökologie näher betrachten, fallen bestimmte dogmatische Heilslehren auf. Sie sind an zwei Hauptmerkmalen zu erkennen, die in der Medizin als Diagnose und Therapie zu bezeichnen wären: Zum einen behaupten sie, über die zweifelsfrei feststehende Erkenntnis aktueller Probleme zu verfügen, zum anderen leiten sie davon zwingende Handlungsanweisungen ab. Da die gesamte Argumentation keine kritische Frage zulässt, sind sie der offenen Diskussion und demokratischen Entscheidungsfindung entzogen. Gesetze des Rechtsstaats können, ja müssen sogar mit Verweis auf die Abwendung einer Notlage außer Kraft gesetzt werden. Diese Situation schafft ihre Märtyrer beziehungsweise Terroristen, je nach Standpunkt des Betrachters. Die Logik des Entwicklungsgedankens zeigt sich dann in unerbittlicher Konsequenz. Dies geschieht umso stärker, je mehr der Wille zur Macht im Spiel ist. Es geht um Missionierung, Unterwerfung, Eroberung in vielerlei Hinsicht, wie Kultur- und Religionsgeschichte belegen. Der deutsch-ägyptische Schriftsteller Abdel-Samad hat dies am Beispiel des Islam und seiner Geschichte aufgezeigt.[80]

Heimatgefühle

Auf den Umzugsbeschluss des Deutschen Bundestags von 1991 bin ich bereits an früherer Stelle eingegangen und werde die allgemeinpolitischen Umstände hier nicht weiter beleuchten. Vielmehr möchte ich mein persönliches Betroffensein skizzieren, das der Beschluss der Verlagerung der »Hauptstadt« von Bonn nach Berlin bei

---

80   Hamad Abdel-Samad: *Islam. Eine kritische Geschichte*. München 2023.

mir ausgelöst hat. Er bewirkte ein emotionales Beben, dessen Stöße und Wellen sich nicht einfach auf einen Nenner bringen lassen. Zunächst wurden neuartige Heimatgefühle in mir geweckt, die sich nicht nur auf meine pfälzische Herkunft, ein kleines Dorf namens Gerbach am Fuße des Donnersbergs bezogen, sondern die Pfalz schlechthin, die *Rheinpfalz*, wie auch die regional führende Tageszeitung heißt. Dies war wenig verwunderlich, da wir Dorfkinder bereits in der »Volksschule« über die Schönheit und Einzigartigkeit unserer pfälzischen Heimat unterrichtet worden waren: Wälder, Berge, Wiesen und Felder; Bächlein, Flüsse und der Rhein; Burgruinen, Dörfer und das Residenzstädtchen.[81] Unser aus Ostpreußen vertriebener Volksschullehrer hatte seine Heimatliebe auf die Pfalz transponiert und imprägnierte damit seine Schüler. Im Klassenzimmer, in dem er die Klassen eins bis vier gemeinsam unterrichtete, war ein großes Relief aus bemaltem Gips aufgestellt, das die Nordpfalz dreidimensional mit all ihren Erhebungen und Vertiefungen präsentierte und das dazu einlud, die Heimat mit eigenen Händen zu begreifen. Dass die Kindheit und Jugendzeit auf dem Land idyllisch oder gar paradiesisch gewesen sei, kann ich nicht behaupten. Bodenständige Bauern, die auf ihren steinigen Äckern dürftige Ernten erzielten; zu Industriebetrieben pendelnde Arbeiter, die ausgelaugt und hundemüde spätabends nach Hause zurückkehrten; eine Handvoll Honoratioren, die sich untereinander eher misstrauisch beäugten als gemeinsam zu feiern. Gleichwohl, trotzdem (ich vermeide immer noch das Modewort »nichtsdestotrotz«): In dieser kleinen Welt konnten sich die Menschen aus eigener Kraft einrichten, fast jede Familie wohnte im eigenen Haus, so alt und dürftig das auch sein mochte, hatte einen Gemüsegarten, konnte Hühner oder ein Schwein halten. Sie besaß ein Stückchen eigenen Grund und Boden.

---

81 Gemeint ist hier Kirchheimbolanden, auch »Kleine Residenz« genannt; im frühen 18. Jahrhundert Sommersitz des Fürsten von Nassau-Weilburg.

96

Die Bonn-Berlin-Debatte, die dem Umzugsbeschluss vorausging, reaktivierte weitgehend vergessene Erinnerungen an meine pfälzischen Ursprung. Nach dem Abitur wollte ich endlich in die weite Welt hinaus. Ich überquerte den Rhein und landete als Student in Heidelberg und dachte fortan kaum mehr an die alte Heimat. Jetzt aber wurde mir als Bonner Bürger bewusst, wie stark die Bindung war. Schlagartig bekam das Adjektiv »linksrheinisch« eine positive Bedeutung. Ja, ich war linksrheinisch geboren, wuchs linksrheinisch auf und lebte nun als Familienvater und Landesbeamter in einer nicht unbedeutenden linksrheinischen Stadt. Plötzlich wurde die Geschichte des Rheinlands und der Pfalz für mich interessant, insbesondere die Rolle, die diese Region im wechselhaften Verhältnis zwischen Deutschland und Frankreich spielte: die Französische Revolution und ihre Auswirkung, die »Mainzer Republik« und das Schicksal Georg Forsters, der Separatismus nach dem Ersten Weltkrieg unter französischer Besatzung und seine brutale Niederschlagung durch deutschnationale paramilitärische Gruppen. »Autonome Pfalz« und »Rheinische Republik« traten als Begriffe erstmals in meinen Gesichtskreis und gaben mir den Anstoß, über die historische, politische und kulturelle Bedeutung der linksrheinischen Region nachzudenken. Ihre Lage zwischen Deutschland und Frankreich sorgte für Epochen des Glanzes wie des Elends. Der Einfluss der französischen Kultur war nicht nur in der Gastronomie und in Eigenarten des Dialekts zu bemerken. Die Französischen Revolution und der napoleonische *Code Civil* bewirkten eine Emanzipation der Bürger und insbesondere der Juden. Demgegenüber stehen zerstörerische Kriege, die ihre Spuren hinterlassen haben. Beispielhaft sei das Heidelberger Schloss erwähnt, Residenz der Kurfürsten von der Pfalz, das im Laufe des Pfälzischen Erbfolgekriegs Ende des 17. Jahrhunderts von französischen Truppen zerstört wurde und sich seither als weltberühmte Ruine präsentiert. Die beiden Weltkriege sind bis heute nicht vergessen, auch wenn die deutsch-französische Freundschaft viele Wunden geheilt hat. So ist die massenhafte Vergewaltigung deutscher Frauen durch französische Besatzungssoldaten nach dem Zweiten Weltkrieg in der Pfalz in Erinnerung geblieben. Meine Großmutter hat mir immer wieder erzählt, wie einer ihrer Bekannten die Vergewaltigung seiner Frau durch Vortäuschen einer Infektionskrankheit abwenden konnte, eine vielfach praktizierte List. Die Massenvergewaltigungen deutscher Frauen durch russische Soldaten am Ende des Zweiten Weltkriegs sind weithin bekannt. Dass aber auch die Soldaten der Westalliierten deutsche Frauen vergewaltigten, wurde erst in jüngster Zeit systematisch untersucht und öffentlich gemacht.[82] Gleichwohl hatte ich immer den Eindruck, dass man gerade auf linksrheinischem Territorium die französische Kultur schätzte und der Franzosenhass weniger ausgeprägt war als in entfernteren Regionen jenseits des Rheins. (Inwieweit dies objektiv belegt werden kann, sei dahingestellt.)

Der pfälzische und damit zusammenhängende rheinische Separatismus der 1920er Jahre, von dem ich vor 1990 keine Notiz genommen hatte, wurde zu einem Faszinosum für mich. Plötzlich lebten die schlummernden antipreußische Reflexe wieder auf, die vom »Kulturkampf« des 19. Jahrhunderts herrührten. Die einstige Vision einer unabhängigen Republik, eben der »Rheinischen Republik« zwischen Frankreich und Deutschland, erschien attraktiv und vermischte sich mit der positiven Einstellung zur »Bonner Republik«. Nie wieder von Berlin regiert werden! Wer weiß, was dort wieder ausgebrütet wird! Ein gefährlicher Moloch, der als deutsche

---

82 Vgl. Miriam Gebhardt: *Als die Soldaten kamen. Die Vergewaltigung deutscher Frauen am Ende des Zweiten Weltkriegs.* München 2015. In Baden-Württemberg wurden z.B. »1955 offiziell 471 Besatzungskinder gezählt«, was nach Schätzung der Autorin eine Gesamtzahl von 47.100 Vergewaltigungen (durch französische Soldaten) bedeute (S. 229).

Hauptstadt schlimme Erinnerungen wachrief. Die Separatisten waren seinerzeit als »Lumpengesindel« und »Vaterlandsverräter« beschimpft und bekämpft worden. Tatsächlich aber verstanden sie sich als Europäer, lehnten imperialistische Nationalstaaten ab und träumten von Frieden und Autonomie. Ihr Standpunkt war den Deutschnationalen und später den Nationalsozialisten ein Dorn im Auge, da sie keinen mächtigen Nationalstaat anstrebten, sondern eine autonome Region. Einer von ihnen war der Jurist Adam Dorten (1880-1963), der nach gescheiterten Versuchen, eine »Rheinische Republik« zu etablieren, 1923 nach Frankreich emigrierte und 1928 die französische Staatsbürgerschaft erhielt. In seinen 1937 verfassten Memoiren, die erst 1945 erschienen, warnte er eindringlich vor der Gefahr des Nationalsozialismus.[83] Es ist bezeichnend für die Geringschätzung, ja Verachtung, die man in der Öffentlichkeit den Separatisten entgegenbrachte, dass Dortens Schrift keine Beachtung fand und erst Jahrzehnte später ins Deutsche übersetzt wurde. In öffentlichen Bibliotheken ist sie eine Rarität.

Erst der Umzugsbeschluss weckte mein Interesse an der Regionalgeschichte und vor allem an der Idee einer »Rheinischen Republik« beziehungsweise »Autonomen Pfalz«. Im Wintersemester 1994/95 organisierte ich an der Universität Bonn ein Vortragsreihe zum Thema *Das Rheinland — eine europäische Region in Deutschland*.[84] Ich hatte auch die beiden Historiker Gerhard Gräber und Matthias Spindler eingeladen, deren kurz zuvor erschienenes Standardwerk *Revolverrepublik am Rhein* mich gefesselt hatte.[85] Sie berichteten, dass das Thema »Separatismus« in der Pfalz ein heißes Eisen sei, an dem man sich die Finger verbrennen könne. Denn die »Reichstreue« sei bei

83 Adam Dorten: *La tragédie Rhénane*. Paris 1945 (dt.: *Die Rheinische Tragödie*. Bad Kreuznach 1979).

84 Mein Bericht in: *Bonner Universitätsnachrichten (BUN)* Nr. 198, Mai 1995, S. 54-55
https://heinzgschott.files.wordpress.com/2017/06/version-jpeg.pdf (22.04.203)

85 Gräber und Spindler: *Revolverrepublik am Rhein. Die Pfalz und ihre Separatisten.* Band 1: *November 1918 - November 1923*. Landau 1992.

den Pfälzern erheblich stärker ausgeprägt als bei den Rheinländern, so dass eine offene Diskussion kaum möglich sei. Um sich Anfeindungen zu entziehen, hätten sie als Autoren ihre Vornamen verschwiegen. Tatsächlich sind auf Buchdeckel und Titelseite nur ihre Familiennamen zu lesen.

Das Schandbild des Separatismus, wie es von den Nationalsozialisten ausgemalt wurde, war also noch bis in die 1990er Jahre präsent. Erst danach kam es zu einer gewissen Rehabilitierung der verschmähten Separatisten, die zum Teil blutig niedergemacht worden waren.[86] Wie unreflektiert das Klischee vom separatistischen »Lumpenpack« gepflegt wurde, zeigt die bizarre Episode um ein Denkmal – nicht zu Ehren der 1924 in Speyer bei einem Attentat erschossenen Separatisten, sondern zu Ehren ihrer Mörder, die auf der Flucht bei einem Schusswechsel ums Leben kamen und fortan als Märtyrer für die nationale Sache galten, vor allem im »Dritten Reich«. So wurde 1932 auf dem Speyerer Friedhof das Hellinger-Wiesmann-Denkmal errichtet, das bis 2001 Bestandteil des offiziellen städtischen Rundgangs zum Volkstrauertag war.[87] Ich erinnere mich an den Ausspruch meiner Großmutter, Jahrgang 1899, die ich einmal auf die Separatisten ansprach und die wie aus der Pistole geschossen in ihrem südpfälzischen Dialekt ausrief: »Alles Lumbechores«, was soviel wie Gesindel oder Lumpenpack bedeutete.

Meine linksrheinischen Heimatgefühle sind eine Mischung unterschiedlicher Ingredienzen. Da sind die lieblichen Felder, Wälder, Wiesen und Bäche der Kindheit, die bedrückende kulturelle Dürftigkeit für den Heranwachsenden, die vergessene und teilweise verdrängte Herkunftsregion des aufstrebenden Erwachsenen und

---

86 Vgl. Gerhard Gräber, Matthias Spindler: *Die Pfalzbefreier : Volkes Zorn und Staatsgewalt im bewaffneten Kampf gegen den pfälzischen Separatismus 1923/24.* Ludwigshafen am Rhein 2005.

87 https://www.wikiwand.com/de/Franz_Joseph_Heinz#Autonome_Pfalz (24.04.2023); http://historischer-verein-speyer.de/?p=1141#more-1141 (24.04.2023)

schließlich die wiederentdeckte Heimat als Bonner Bürger angesichts der Beschwernisse und Zumutungen der Berliner Republik. Das Interesse am Separatismus erwachte in dem Augenblick, als aus allen Kanälen das Loblied auf die »Einheit« gesungen wurde und separatistische Ideen unzeitgemäß, politisch unkorrekt erschienen.

Die Gnade der linksrheinischen Geburt

Mit seinem Ausspruch »Die Gnade der späten Geburt« wollte Helmut Kohl vor rund 40 Jahren signalisieren, dass alle nach 1930 geborenen Deutsche – er selbst wurde am 3. April 1930 geboren – keine Schuld am Nationalsozialismus hätten.[88] Das Schicksal – nämlich das Geburtsdatum – schien sie davor bewahrt zu haben, Mitverursacher der von den Nazis angerichteten Katastrophe zu werden. Kohl liebte das Wort »Gnade«. Aus seinem Mund erinnerte es an Weihrauch, das in katholischen Kirchen zum Lobpreis Gottes aufsteigt. Ich erinnere mich dunkel an seine Bemerkung, nachdem er glücklich eine Wahl gewonnen hatte, dass »ein bisschen Gnade« schon dabei gewesen sei. Hier schwingt eine Selbstgefälligkeit mit, die sich auch in der Redewendung »Da hat der liebe Gott es gut mit mir gemeint« niederschlägt, die gerade bei denen, die sich für fromm halten (oder es sind), beliebt ist. Sie impliziert eine beruhigende Logik: Wenn er es so gut mit mir gemeint hat, kann ich ja nicht so schlecht gewesen sein, habe ich es ja auch ein bisschen verdient.

Kohls Diktum habe ich etwas abgewandelt und spreche bezüglich meiner eigenen Person gerne von der »Gnade der linksrheinischen Geburt«. Damit steht nicht das Geburtsdatum im Fokus, sondern der Ort, die Region. Ich wurde im südpfälzischen Bergzabern (seit 1963

---

88 https://www.wikiwand.com/de/Gnade_der_sp%C3%A4ten_Geburt (24.04.2023)

Bad Bergzabern) geboren, das ich im zarten Alter von einem Jahr zusammen mit meinen Eltern verließ, weswegen ich keine Kindheitserinnerungen an dieses Städtchen an der Südlichen Weinstraße habe. Aber in der Phantasie hat mein Geburtsort immer eine Rolle gespielt. Des öfteren habe ich mir vorgestellt wie es wäre, wenn am betreffenden Krankenhaus eine Plakette mit der Aufschrift »Hier wurde der Medizinhistoriker Heinz Schott am 8. August 1946 geboren« angebracht würde. Ein befreundeter Kollege, der sich auf die Medizin der Renaissance und Frühen Neuzeit spezialisiert hatte, war von meinem Geburtsort beeindruckt. Dort sei der namhafte Arzt und Apotheker *Tabernaemontanus* (wörtlich übersetzt: der Bergzaberner) geboren, ich hätte also einen berühmten Vorfahr.

Ich komme noch einmal auf Helmut Kohl zurück, den wohl prominentesten Pfälzer. Mit seinem Auftritt auf der großen Bühne der Politik gelang dem pfälzischen Dialekt der Durchbruch. Wurde er in den 1970er Jahren noch als hinterwäldlerische Bauernmundart empfunden, die man außerhalb der Region tunlichst zu vermeiden hatte, um nicht belächelt oder schief angesehen zu werden, hatte er mit Kohl eine beachtliche Aufwertung erfahren. Man brauchte sich nun als Pfälzer nicht mehr zu verstecken. Gerichte wie »Saumagen« und Orte wie »Deidesheim« bekamen einen exotisch weltläufigen Klang. Ich fühlte mich geehrt, als ich 1995 in das *Lexikon der Pfälzer Persönlichkeiten* aufgenommen wurde, zu dem selbstverständlich Helmut Kohl das Vorwort verfasst hatte.[89] Als Pfälzer Landsmann meinte ich damals (wie ich im Rückblick auch heute noch meine), seine Mentalität und Ausstrahlungskraft intuitiv zu verstehen, eingedenk der feinen Unterschiede zwischen »nordpälzer« und »vorderpälzer« Lebensart. Im Folgenden übernehme ich einen Blog-Beitrag, den ich 2018 zusammen mit einer Skizze unter der

---

89 Carl Viktor: *Lexikon der Pfälzer Persönlichkeiten.* Mit einem Vorwort von Dr. Helmut Kohl. Edenkoben 1995; 2., überarb. u. erw. Aufl. 1998; 3., überarb. u. erw. Aufl. 2004.

Überschrift *Helmut Kohl und meine geopsychologische Zeichnung (1995)* veröffentlicht habe.[90]

Im Sommer 1995 saß ich in einem kleinen Kreis von Kollegen in einer Kneipe. An die Einzelheiten (wo, wie, mit wem) erinnere ich mich nicht mehr. Irgendwie kam das Gespräch auf den damals noch amtierenden Bundeskanzler Helmut Kohl (1930-2017). Ich erklärte, dass ich meinen Pfälzer Landsmann für eine tragische Figur hielte. Denn er hatte seine Pfälzer Heimatliebe und Identität sukzessive auf immer größere Einheiten übertragen, wie wenn man einen Ballon aufbläst. So kam es in seiner Person als einem führenden Politiker zu einer geopolitischen Inflation: Regierungsbezirk Pfalz – Bundesland Rheinland-Pfalz – Bundesrepublik Deutschland (West) – vereinigtes Deutschland (BRD nach der Wende) – Europäische Union (mit Währungsunion). Kohls Tragik bestand darin, dass er meinte, alles funktioniere nach der Pfälzer Lebensart, ob in Oggersheim, Mainz, Bonn, Berlin oder Brüssel. Ein tragischer Held, der zu viel wollte?

Ich skizzierte damals spontan auf einer Papierserviette den (linksrheinischen) Pfälzer Ursprung Kohl'schen Denkens und Ausgangspunkt seiner Weltsicht (siehe geografische Skizze). *Die Pfalz ist rund wie das Heimatgefühl der Pfälzer. Wer* Die pälzisch Weltgeschicht *von Paul Münch kennt, weiß um diese Mentalität (der ich selbst ein bisschen anhänge). Dort wird die Frage, wo das Paradies gewesen sei, so beantwortet:*

> Mer braucht die Landkart anzegucke,
> Dann sieht mer glei, 's war nerjends als
> In unrer liewe, scheene Palz.[91]

---

90 https://heinzgustavdotcom4.wordpress.com/category/helmut-kohl/ (24.04.2023)
91 Paul Münch: *Die pälzisch Weltgeschicht.* Buchschmuck vom Verfasser. Kaiserlautern 1917 (Erstauflage 1909), S. 2.

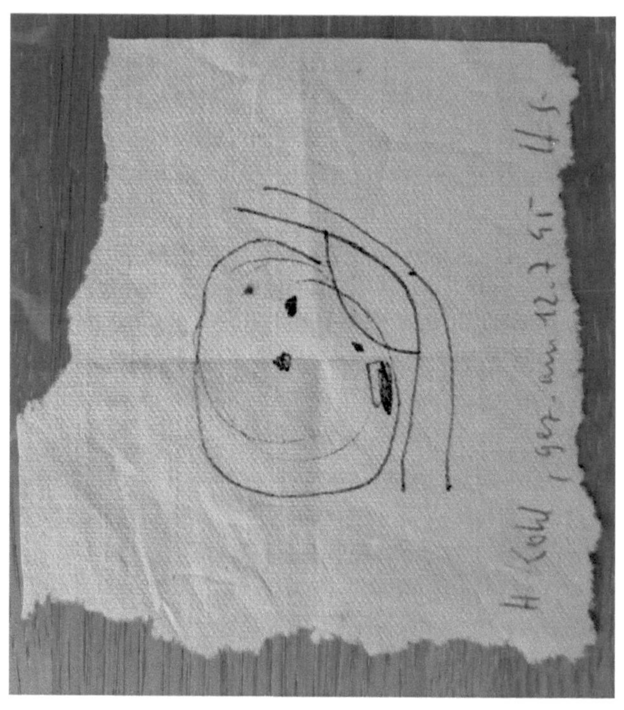

Erläuterung der geografischen Skizze:
Rechts der **Rhein** mit dem Knie bei Mainz; der Halbkreis deutet **Rheinhessen** an; der große Kreis markiert die **Pfalz**; mit den Städten **Ludwigshafen** (großer Balken re.); darüber **Oggersheim** (Punkt) sowie **Kirchheimbolanden** (oben) und **Kaiserslautern** (Mitte).

Als er als »Kanzler der Einheit« den Höhepunkt seines Ansehens und seiner Macht erreichte, wurde für mich nicht die Gnade der späten, sondern die der linksrheinischen Geburt zu einer gern gebrauchten Formel. Die Pfalz verschmolz mit dem Rheinland zu einer imaginären Einheit, deren gemeinsame Klammer das

»Linksrheinische« war, das sich nicht auf das Bundesland Rheinland-Pfalz beschränkte. Und Bonn, mein Wohnort, wurde zum idealen Zentrum der linksrheinischen Idee. Es war *de facto* die Hauptstadt der Bundesrepublik, die gemeinhin als Westdeutschland (*West Germany*) bezeichnet wurde. Als am 3. Oktober 1990 die Vereinigung der beiden deutschen Staaten feierlich mit Glockengeläut und Fahnenschmuck auch in Bonn vollzogen wurde, war nicht nur bei mir die Freude gedämpft und die Stimmung von Wehmut durchzogen. Es galt Abschied zu nehmen von einer politischen Heimat, die einem ans Herz gewachsen war. Die Voraussage des damaligen CDU-Generalsekretärs Volker Rühe erzeugte bei mir Unbehagen: »Es wird ein anderer Staat. Er wird nördlicher, östlicher, protestantischer.«[92] Ich wurde nicht gefragt, ob ich Bürger eines »anderen Staats« werden wollte. Plötzlich tauchte der Begriff »Bonner Republik« auf, der man den Stempel des »Ehemaligen« aufdrückte, so wie man damals von der »ehemaligen DDR« sprach. Die politische Heimat, in der man als Staatsbürger bisher gelebt hatte, war plötzlich Vergangenheit. Von nun an sollte Deutschland wieder von Berlin aus regiert werden. Die erweiterte Bundesrepublik wurde nun »Berliner Republik« genannt, der Bundestag zog ins Reichstagsgebäude ein, aus der »Bundeshauptstadt« gingen die »Hauptstadt« (Berlin) und die »Bundesstadt« (Bonn) hervor. Es gehört zu den großen politischen Enttäuschungen, die ich als Pfälzer erlebt habe, dass Helmut Kohl letztlich den Ausschlag für diese Entwicklung gab. Er hätte die Machtfülle besessen, an Bonn als Bundeshauptstadt festzuhalten und die Idee der Bonner Republik für das vereinigte Deutschland fruchtbar zu machen. Ein klares Wort von ihm hätte genügt. Er aber hatte sich für die »Berliner Republik« entschieden.

---

92 https://www.spiegel.de/politik/es-wird-ein-anderer-staat-a-09ab5d41-0002-0001-0000-000013498459 (27.04.2023)

Hin und wieder wurde von den »Wessis« die »Ostalgie« der früheren DDR-Bewohner beklagt.[93] Sie scheint wohl eine Krankheit zu sein, die vor allem in »Dunkeldeutschland« grassiert – ein Begriff, dem 2015 der damalige Bundespräsident Joachim Gauck zweifelhaften Glanz verlieh.[94] Ich für meinen Teil verspüre seit drei Jahrzehnten eine »Westalgie«. Ich vermisse schmerzlich die angenehme, entspannte Lebensweise in gesichertem Wohlstand, die Möglichkeiten der freien Entfaltung, die ab den 1960er Jahren zunahmen, ein Staatswesen, das man trotz harter Kritik, die mit der 68er Studentenbewegung einherging, im Grunde bejahte, da es Freiheit, Sicherheit und Wohlstand zu garantieren schien. Ich erinnere mich des aufregenden und zugleich beruhigenden Gefühls, dass man heftig gegen gesellschaftliche Zwänge der Konvention aufbegehren konnte, ohne den Boden unter den Füßen weggezogen zu bekommen. Damals redete man – aus unterschiedlichen Blickwinkeln – verächtlich von »Salonkommunisten«: aus konservativer (»rechter«) Sicht handelte es sich um verwöhnte, verirrte Schwärmer; aus revolutionärer (»linker«) Sicht unnütze, schöngeistige Schwätzer. Aber gerade der Umstand, dass man als »Salonkommunist« recht gut existieren, studieren, reisen, Bücher schreiben konnte, schuf eine eigenartige Liebe zu dieser Gesellschaftsordnung, in der ein solcher Luxus erlaubt war.

High Noon im Dorf

Die Filmserie *Heimat*, die Edgar Reitz zwischen 1984 und 2004 schuf, setzte einen Kontrapunkt zum geläufigen Heimatbegriff, wie er in Deutschland in Literatur, Malerei, Musik und auch im Film gepflegt

---

93 https://www.wikiwand.com/de/Ostalgie (27.04.2023)
94 https://www.sueddeutsche.de/politik/bundespraesident-joachim-gauck-die-ossis-und-dunkeldeutschland-1.2622780 (28.04.2023).

wurde. Die unerbittliche Härte und Kargheit des dörflichen Lebens im Hunsrück, woher der Regisseur stammt, ließen keinen Spielraum für süßliche Heimatidylle. Die Ochsenkarren der Bauern taten sich schwer, auf morastigen Wegen voranzukommen, glühende Eisenstäbe auf dem Amboss zu schmieden kostete Kraft, manche runzligen Gesichter der Älteren machten einen kummervollen Eindruck und manche Mienen der Jüngeren ließen ihr Leiden am dörflichen Gefangensein durchscheinen. Das mundartliche Sprechen passte zum optischen Bild, in dem Leichtigkeit und Beschwernis ineinander übergingen, harmonischer Singsang mit kehligen Unterbrechungen. Diese Heimat war süß und bitter zugleich, war Himmel und Hölle in einem. Diese Filmserie habe ich nur bruchstückhaft angesehen. Sie berührte mich zutiefst und weckte Erinnerungen an meine dörfliche Kindheit und Jugend in der Nordpfalz, der dem Hunsrück benachbarten Region. Ich konnte die Misthaufen vor den Bauernhöfen riechen, sah die Hausfrauen mit Kopftüchern und Schürzen in Garten und Küche hantieren, beobachtete die Bauern auf den Pferdefuhrwerken, wenn sie früh morgens auf ihre Äcker ausrückten und in der Mittagshitze nach Hause zurückkehrten. Die Kirchenglocke läutete pünktlich um zwölf Uhr mittags – *High Noon* im Dorf. Zeit zum Mittagessen.

High Noon war auch der erste Film meines Lebens, der eines Tages im verdunkelten Saal der Dorfkneipe vorgeführt wurde. Ich war damals sieben oder acht Jahre alt. Der Film kam 1952 in Amerika in die Kinos und wurde im Jahr darauf synchronisiert. Wahrscheinlich habe ich ihn 1954 gesehen, dem glorreichen Fritz-Walter-Jahr. *Do not forsake me, oh my darling.* Erst Jahrzehnte später verstand ich den Text des grandiosen Titelsongs, den eine wehmütig-rauchige Stimme zur Ohrwurm-Melodie sang, untermalt vom Pferdegetrappel imitierenden Schlagzeug. In der Dunkelheit des Saales, der normalerweise vom örtlichen Turn- sowie Männergesangverein benutzt wurde, später auch vom Tischtennisverein, erlebte ich angesichts der schwarz-weiß-flimmernden Kinoleinwand (ich glaube, mich an ein großes aufgespanntes Betttuch erinnern zu können) eine Erleuchtung. Eine ungeahnte Welt tat sich auf, in der sich ein Held mit seinem Revolver (fast) ganz allein den Bösen in den Weg stellt und sie besiegt. Die Botschaft war bei mir angekommen, obwohl ich damals wahrscheinlich nur Bruchteile der Handlung verstand. Gary Cooper und Grace Kelly spielten in meinem kindlichen Pantheon von nun an die Rolle von Obergottheiten (ähnlich wie Humphry Bogart und Ingrid Bergman etwas später), obwohl ich die Namen der Schauspieler damals sicher nicht zur Kenntnis genommen habe. So hielt Hollywood in diesem verlassenen Nest Einzug, in Schwarz-Weiß und deutscher Synchronisation, ein imaginäres und ziemlich sanftes Pendant zum realen Einzug der *US Army* mit ihrem Panzern, Jeeps und LKW, die übungshalber auf Straßen, Wegen und Feldern umherfuhren, einzeln und in Kolonnen, mit vielen schwarzen Soldaten, den ersten »Negern« (wie man damals noch sagte), die ich je zu Gesicht bekommen hatte. Ich habe sie lachend und den Kindern am Straßenrand freundlich zuwinkend in Erinnerung. Sie praktizierten etwas, was ich erst sehr viel später im rheinischen Karneval wieder erleben sollte: Sie warfen den Kindern in hohem Bogen »Kamelle« aus ihren Fahrzeugen zu, damals allerdings keine Süßigkeiten von Haribo, sondern kleine Konservendosen mit Marmelade, *Mixed Pickels*, Dosenfleisch. Die Kinder brachten die ungewohnten Konserven als Trophäen nach Hause. Sie waren mit der Zeit routiniert, von den Soldaten solche Gaben mit Geschrei zu erbetteln. Besonders beliebt war Kaugummi und ich habe noch den gemeinsam gebrüllten Bittruf im Ohr: »Schäwwingum! Schäwwingum!«, wie wir *chewing gum* auf Pfälzisch aussprachen.

Erst viel später, als ich die Pfalz schon längst verlassen hatte, wurde mir klar, dass meine so beschaulich aussehende Heimat während des

Kalten Kriegs ein technisch hochgerüstetes Pulverfass war. Die Militärflughäfen Sembach und Ramstein brachten es mit sich, dass wir täglich militärische Flugübungen über uns ergehen lassen mussten. Düsenjäger im Tiefflug, das typische Knallen beim Durchbrechen der Schallmauer gehörten zum Alltag und weckte bei den Kindern mehr Staunen über die Zeichen am Himmel als Ärger oder Wut über die permanente Lärmbelästigung. In der Pfalz standen Raketen und nukleare Sprengköpfe bereit, um im Ernstfall eingesetzt zu werden. Wenn es zu einem Atomkrieg gekommen wäre, hieß es später, wäre die Pfalz das erste Ziel des Feindes gewesen. Die Heimat war also ein Ort, vor dem sich ein unsichtbarer Abgrund auftat. In den wunderschönen Wäldern um den Donnersberg herum waren ausgedehnte Militärlager der Amerikaner mit Kilometer langen Stacheldrahtzäunen abgesperrt, *North Point* hieß eines davon. Hier lagerten vermutlich neben allerlei Munition auch Atomwaffen. Wir Kinder hatten anderes im Sinn. Wir fanden Patronengürtel für Maschinengewehre, die bei den Militärübungen zurückgelassen worden waren. Es war ein beliebtes Spiel, das Pulver aus den Platzpatronen auf einen Haufen zu schütten und daraus einen größeren Knallkörper mit Feuereffekt zu fabrizieren. Auch kann ich mich an eine Handgranate – oder war es eine Panzerfaust? – erinnern, die wir unter einer struppigen Hecke gefunden hatten. Der kriegserfahrene Vater eines Spielkameraden aus der Nachbarschaft, den wir um Rat fragten, wie mit dem Metallklumpen umzugehen sei, übernahm die strategische Planung. Er war mit den deutschen Truppen in Paris gewesen, sogar auf dem Eiffelturm, hatte den Krieg an der Front ohne körperliche Verstümmelung überlebt, was man von seinem Seelenleben keineswegs behaupten konnte. Sein chronisches Magenleiden war ihm anzusehen. Er arbeitete in der »Anilin«, wie man landläufig die BASF in Ludwigshafen bezeichnete, und hatte täglich einen weiten Weg mit einem Pendlerbus der Firma zurückzulegen. Er war hager, mager, ausgelaugt und ausgemergelt, mit ernsten Gesichtszügen und leicht gebeugtem Rücken. Von ihm hörte ich zum ersten Mal bewusst, dass »wir« den Krieg verloren hätten – was irgendwie mit seinem etwas jammervollen Aussehen zusammenzuhängen schien. Die Handgranate oder Panzerfaust, vermutlich noch aus deutschem Bestand, wurde inmitten eines Ackers auf Steinen gelagert, eine Zündschnur gelegt und deren Ende aus sicherer Entfernung angezündet. Nichts geschah. Offenbar ein Blindgänger. Das heimatliche Szenario glich einer Überblendung im Film: Wehrmacht und *US Army*, siegreiche Besatzer und vergrämte Besiegte, enttäuschter Kriegsveteran und hoffnungsfroh-neugierige Kinder.

Es war die Zeit der Landserheftchen, die man an jedem Kiosk oder Tabakwarenladen für einige Groschen kaufen konnte, mit wuchtigen Titeln wie *Panzerschlacht auf Kreta*. Ich war sechs oder sieben Jahre alt, als mir mein Großvater zu Weihnachten einen Spielzeug-Panzer schenkte. Er hatte wenig für solches Kriegsgerät übrig, aber sehr viel für seinen Enkel, der sich genau dieses Spielzeug gewünscht hatte, und das in Originalgröße ziemlich häufig durch die Dorfstraße brummte. Der Spielzeug-Panzer konnte immerhin zehn Metern weit auf dem Fußboden fahren, nachdem man seine Feder mit einem Schlüssel fest aufgezogen hatte. Das Großartigste aber waren seine Feuer speienden Kanonen, die wie Wunderkerzen sprühten, nur waagrecht. Sobald der Panzer fuhr, spuckten die eingebauten Feuersteine ihre Funken aus. Diese Ausstrahlungen, die einen typischen Geruch verströmten, waren *die* Sensation für mich.

Die Amerikaner mit ihren in Wäldern verborgenen Anlagen, ihren vorbeifahrenden Fahrzeugkolonnen, ihren Düsenjägern und Kampfhubschraubern in der Luft gehörten zum Alltag. Man war an sie gewöhnt und hatte als Nachkriegskind nie anderes erlebt. Sie waren zur Zweiten Natur geworden und gehörten zu dem vielen Anderen, was Heimat ausmacht. Der Krieg war selbst im kleinen, abgelegenen Dorf noch überall zu spüren, von Landserheftchen bis zu gefundenen Patronen, er lebte in der älteren Menschen fort, körperlich, wenn ein Arm fehlte, seelisch, wenn das erlittene Kriegselend innerlich nagte. Dass junge Männer »gefallen«, Häuser zerbombt worden, Leute in Folge der Unterernährung gestorben (»verhungert«) waren, konnte ich den Reden der Erwachsenen entnehmen, die wie undeutliches Raunen an mein Ohr drangen. Dass im Dorf keine einzige Bombe gefallen war, die Leute alle ein Dach über dem Kopf hatten und die Bauern genügend Nahrungsmittel produzierten, gab mir ein Gefühl der Geborgenheit, ohne das keine Heimat denkbar ist. Auch die Nicht-Bauern bauten damals in ihren Gärten Gemüse an, pflegten ihre Obstbäume und hielten in ihren am Haus angelehnten Ställen Schweine und Hühner. Sie taten das nicht aus ökologisch begründeter Naturbegeisterung, sondern zur Abwendung des Hungers. Auch das gehört zur Heimat: die Möglichkeit, sich gegen die Unbilden der Zeit zu wehren. Die Menschen lebten in ihren meist ärmlichen, schlecht heizbaren Häusern mit viel Zugluft, rackerten sich in ihren Gärten und auf ihren Feldern ab, legten sonntags ihre saubere, gebügelte Kleidung an, nachdem sie sich samstags ein warmes Vollbad gegönnt hatten. Nur bei Stadtmenschen kann die Illusion von einer »solidarischen« Gemeinschaft der Dorfbewohner aufkommen. Tatsächlich teilte sich diese in Familienverbände und Gruppierungen auf, in denen Sympathie und Antipathie, Liebe und Hass keine geringere Rolle spielte als anderswo auch. Und doch verband sie eine urtümliche Kraft, die von den umgebenden Hügeln und Bergen, Wäldern und Wiesen und dem Tälchen ausging, in dem ihre Häuser beisammen lagen. Ich möchte dieses Etwas als transzendentales Heimatgefühl bezeichnen. Es geht über den Ort hinaus, an dem man lebt, kennt keine Grenze, auch wenn es geografische Abstufungen kennt: Nordpfalz, Südpfalz, Vorderpfalz, Hinterpfalz, Kurpfalz, die Region links des Rheins, verschiedene Landstriche, unterschiedlicher Zungenschlag. Aber es ist zugleich losgelöst von der geografischen Verortung. Unter glücklichen Umständen wird es übertragen, verpflanzt, kann auch an anderen Orten aufgehen wie ein mitgebrachter Samen, aus dem eine Blume entsteht. Heimatlos habe ich mich nie gefühlt.

Vorlass, Nachlass und was übrig bleibt

Nachlässe sind die wichtigsten Stücke in den Schatzkammern der Archive. Sie lagern in Bücherkisten und Archivkartons, geordnet und ungeordnet, mit und ohne Findbücher. Die Archivwelt ist so bunt (»divers«), wie die Welt der Heimat- und Stadtmuseen. Von hochprofessionell organisierten und üppig ausgestatteten Einrichtungen bis hin zu ehrenamtlich geführten, armseligen Abstellkammern gibt es die verschiedensten Varianten. Interessant ist die Frage, welche Personen überhaupt für würdig befunden werden, dass ihre schriftlichen oder künstlerischen Hinterlassenschaften in einem Archiv aufgehoben werden sollten. Es geht also um die Frage der »Bedeutung« einer Persönlichkeit. Nun gibt es bei Nobelpreisträgern oder Goldmedaillengewinnern keinen Zweifel, auch nicht bei berühmten und preisgekrönten Schriftstellern, Musikern oder Malern. Aber wie steht es mit denen, die mit ebenfalls herausragenden Leistungen in ihrem Schatten stehen? Ihre Nachlässe sind lästiger Ballast für die Erben, die vor der Aufgabe stehen, Keller- und Speicherräume von zerschlissenen Bücherkisten und staubigem Gerümpel zu befreien, um das Haus für die Renovierung oder den Verkauf zu präparieren. Natürlich wird man die Bücher, Akten, Prospekte, Broschüren, Zeitschriften noch einmal durchsehen, um verstecktes Geld oder Gold nicht mit zu entsorgen. Vielleicht findet man noch ein altes Fotoalbum, das für die Familiengeschichte interessant sein könnte. Aber im Grunde würde man am liebsten den ganzen Plunder in einen großen Abfallcontainer werfen, den man sich vor die Haustür hat stellen lassen. So enden liebevoll angeschaffte Buchreihen, Zeitschriften-Konvolute, Dia- und Bierdeckelsammlungen in modernen Müllverbrennungsanlagen. Privatbibliotheken haben wie Briefmarkensammlungen im digitalen Zeitalter eine Entwertung erfahren, die sich ihre früheren Besitzer niemals hätten vorstellen können. Mein Onkel war passionierter Philatelist, hatte bei Händlern teure Abos laufen. Nach Jahrzehnten treuen Sammelns waren seine unzähligen Marken in den Schweinsleder-gebundenen Alben nicht viel mehr wert als ein Haufen Altpapier. Ich sah die alten Rechnungen der Händler. Im Laufe der Jahre hatte er den Wert eines Einfamilienhauses in die nun völlig wertlose Sammlung gesteckt. Dass sich in einem der vollgepackten Alben eine Blaue Mauritius darauf wartete, entdeckt zu werden, war ziemlich unwahrscheinlich.

Archive sollen Ereignisse und Personen vor dem Vergessen bewahren. Insofern wollen sie Historisches für die Zukunft erhalten. Die Erforschung des »kulturellen Erbes« ist sogar ein Hauptanliegen des Akademienprogramms der Union der deutschen Akademien der Wissenschaften (Akademienunion), in der langfristige, oft viele Jahrzehnte dauernde Forschungsvorhaben gefördert werden. Doch was wird nach welchen Kriterien für würdig befunden, erforscht, dokumentiert und gepflegt zu werden? Letztlich ist es eine winzige Auswahl von Ereignissen und Personen, die man für wichtig und bedeutend hält. So wird ein Prozess in Gang gesetzt, der an die alchemistische Scheidekunst erinnert: das Herausdestillieren des subtilen Wirkstoffs bei der Herstellung eines Arzneimittels. Die unnützen Dinge werden von den nützlichen getrennt, so dass Letztere in immer reinerer Form hervortreten können. Was bei der Verfeinerung der Naturstoffe noch gesehen, gerochen, gefühlt, geschmeckt und getastet werden kann, spielt sich auf dem Gebiet menschlicher Kreationen imaginär ab. Was ist ein Genie, worin besteht die einmalige Meisterschaft? Die Frage ist scheinbar leicht zu beantworten: Mozart – Goethe – Einstein – Robert Koch – und in Bonn natürlich Beethoven. Ab dem 20. Jahrhundert schaut man besonders auf die Nobelpreisträger. Je heller ihr Stern leuchtet, umso mehr verschwinden die zeitgenössischen Kollegen im Schatten. »Und man sieht nur die im Lichte, die im Dunkeln sieht man nicht« heißt es in der *Dreigroschenoper.* Wie viele begabte junge Pianisten (und selbstverständlich Pianistinnen) gibt es heute weltweit? Und wie viele sind im internationalen Konzertbetrieb integriert und können von ihrer Kunst gut und gerne leben? Wie viele begabte junge Fußballspieler (und neuerdings -spielerinnen) gibt es in Deutschland, und wie viele von ihnen erringen den Status von Bundesliga-Millionären? Diese Frage kann man für alle kulturellen Bereiche aufwerfen. Vielleicht wird die Problematik besonders bei der Schriftstellerei deutlich. Wie vielen Romanautoren beispielsweise gelingt es, ihr Manuskript bei einem etablierten Verlag als Buch zu veröffentlichen? Und wie viele der veröffentlichten Romane landen auf der Spiegel-Bestseller-Liste? Sind sie aus der Schar von Abertausenden eingereichter Manuskripte wirklich die allerbesten? Wer könnte das objektiv entscheiden!

Ähnliches spielt sich bei der Wissenschaftsförderung ab, wo nach mühsamer Begutachtung und einer Anzahl anstrengender Kommissionssitzungen die besten der besten Anträge herausgefischt werden sollen. Doch was sind die Kriterien? Jeder, der solche Verfahren als Gutachter oder Kommissionsmitglied mitgemacht hat, weiß ein Lied von der Unberechenbarkeit des Zufalls zu singen. In einem Berufungsverfahren kann ein Kandidat bei einer bestimmten Konstellation der Kommissionsmitglieder mit einer einzigen spitzen Bemerkung, ja mit einer bestimmten Handbewegung oder einem

Augenzwinkern abgeschossen werden. Dieser entscheidende Augenblick taucht in keinem Sitzungsprotokoll auf, wird niemals offen angesprochen, ist vielfach auch den Beteiligten unbewusst. Analoges gilt auch für die Bewilligung von Anträgen. Hier kann ein einziger wohlwollender Satz aus dem Munde eines Fachkollegen in einem bestimmten Moment den Ausschlag geben. Insofern geht es darum, dass mit der Kommissionsarbeit ein Gruppengeist erzeugt wird, der allen Beteiligten das sichere Gefühl gibt, ein rationales und objektiv begründetes Urteil über die wissenschaftliche Qualität eines Antrags oder eines Bewerbers zu fällen. Man wird in den Stellungnahmen viel Mühe aufbringen, um die peinliche Tatsache zu verdrängen, dass auch andere Anträge oder Bewerber durchaus auf dem ersten Platz hätten landen können.

Doch zurück zum Thema Nachlass. Bei berühmten Autoren wird jede flüchtige Notiz auf einem Schmierzettel registriert und archiviert; Aktenordner mit Korrespondenzen aller Art, gefüllte Karteikästen, Sonderdrucksammlung und Privatbibliothek werden komplett übernommen und erschlossen. Um das gesamte Material für die zukünftige Forschung zu erhalten, schaffen Archivare Ordnung und sortieren die Schriftstücke in Archivkästen ein und legen Findbücher an. Bei weniger berühmten Personen, und das sind fast alle anderen, erscheint der Nachlass eher als ein zu entsorgender Ballast, für den sich Archive in der Regel nicht interessieren. Warum auch? Sie haben schon genug mit den anerkannten Berühmtheiten zu tun. Man kann ja nicht alles aufnehmen, muss strikt auswählen. Hier greift dann die Methode der »Kassation«: Im Normalfall übernimmt ein Archiv fünf bis 10 Prozent des gelieferten Materials, der Rest wird entsorgt.

Der Archivar kann sich der Absurdität seines Tuns ebenso wenig entziehen wie jeder andere Mensch auf seinem Arbeitsfeld. Er will etwas erhalten, was irgendwann ohnehin dem Großen Vergessen anheimfällt. Spätestens, wenn die Menschheit aufhört zu existieren.

Aber auch schon viel früher können Ereignisse eintreten, die die archivalische Erinnerung hinfällig macht. Oder auch bereits in der Gegenwart, in der abgesehen von professionellen Spezialisten nicht mehr viele Menschen in Archiven und Bibliotheken nachforschen. (Ob das »früher« anders war, sei dahingestellt.) Wer tagsüber seinen Blick über den eng besetzten Lesesaal der Universitäts- und Landesbibliothek schweifen lässt, sieht nur selten Studenten bei der Lektüre von älteren Büchern und im Sonderlesesaal werden Archivalien kaum nachgefragt. Die Schatzkammern sind gefüllt, aber kaum jemand interessiert sich für deren Inhalt. Was bleibt vom »kulturellen Erbe« übrig, wenn es außerhalb von geförderten Projekten wie etwa im Akademienprogramm niemanden mehr interessiert? Wie lässt sich dieser Zustand beschreiben?

Vielleicht kann man von einer kulturhistorischen Entwurzelung sprechen. Im digitalen Zeitalter geht die Beschäftigung der Menschen in die Breite: Vernetzung, Kommunikation, Unterhaltung, Online-Plattformen. Zugleich passiert etwas Seltsames: Je mehr die Fühlung mit der eigenen Geschichte verlorengeht, umso bedeutsamer wird die Empfindsamkeit für die Zukunft, die man derzeit durch die Brille des »Klimawandels« in katastrophalen, apokalyptischen Bildern ausmalt. Die historische Entwurzelung hat eine futuristische Verblendung zur Folge. Gegen die *»fridays for future«* Bewegung täte eine *»saturday for past«* not. Die Zukunftsbesessenheit beherrscht heute den öffentlichen Diskurs in all seinen Verästelungen bis hinein in die einzelnen Familien. Daraus folgt die ungeheure Bereitschaft, die Gegenwart (vermeintlich) zugunsten der Zukunft zu opfern. Eine ganze Gesellschaft scheint heute den Boden unter den Füßen verloren zu haben. Wer den Nachlass der Geschichte vergisst oder missachtet, erliegt der Illusion, sich wie in der Erzählung des Freiherrn von Münchhausen am eigenen Schopf aus dem Sumpf ziehen zu können.

Ich schreibe diese Gedanken nieder, während ich meine eigenen im Verlauf von mehr als vierzig Jahren angesammelten Materialien sortiere: Manuskripte für Vorträge und Aufsätze, Kongressunterlagen, Aufzeichnungen und Mitschriften, beschriftete Karteikarten und dergleichen mehr. Werbeprospekte, Sonderdrucke, Kopien von veröffentlichen Schriften, die sich in den Registermappen befinden, entsorge ich, um in den Bücherkisten Platz und Gewicht zu sparen und dem aufnehmenden Archiv die Annahme erträglicher zu machen. Es handelt sich um meinen »Vorlass«, der nach meinem Tod als »Nachlass« firmieren wird. Die Kisten werden in einem Archivraum lagern, der Inhalt wird in absehbarer Zeit – aus Gründen mangelnder Personalkapazitäten – nicht weiter bearbeitet; ob er jemals angetastet wird, erscheint fraglich. Und doch empfinde ich es als eine enorme Erleichterung, diesen »Vorlass« loszuwerden, den schweren Rucksack an einem sicheren Ort abstellen zu können. Es geht um Freiheit, Bewegungsfreiheit, Leichtigkeit, die damit gewonnen werden kann. Mir fallen dabei die Gedanken von Simone Weil zur Schwerkraft ein. Die naturgesetzliche Schwerkraft, »alle natürlichen Bewegungen der Seele«, zögen nach unten.[95] Die größte Sünde sei, dieser »Abwärtsbewegung« zu folgen. Die Befreiung könne nicht durch eigene Kraft geschehen, sondern nur durch eine »von oben«, eine »Aufwärtsbewegung durch Gnade«. »Die Schwerkraft des Geistes lässt uns nach oben fallen.«[96] Kann etwas Ähnliches geschehen, wenn ich mich von dem Ballast der gedruckten und ungedruckten Materialien trenne und den Trieb des Sammelns und Besitzen-Wollens überwinde? Ich erinnere mich an die prachtvolle Privatbibliothek eines nicht unbedeutenden Philosophen, der in einer Jugendstilvilla residierte. Nach seinem Tod führte mich die Witwe durch die hohen Räume. Die vollgestellten Bücherregale reichten bis unter die Decke,

---

95 Gustav Thibon in »Einleitung« zu Simone Weil: *Schwerkraft und Gnade.* München 1952, S. 59.
96 A. a. O., S. 63.

über eine spezielle Bibliotheksleiter konnte man auch die obersten Regale erreichen. Ich fragte mich: Wen wird das alles, womit sich der Gelehrte beschäftigt und was er verinnerlicht hatte, noch interessieren? War er wirklich so »bedeutend«, dass sich Archive und Bibliotheken um seinen Nachlass reißen und diesen ohne »Kassation« übernehmen werden? Dass sein Werk zu Forschungsprojekten, Doktorarbeiten, historisch-kritischen Editionen herausfordern wird? Dass vielleicht sogar ein Schriftsteller sein Leben in einen biografischen Roman gießt? Obwohl ich den verstorbenen Gelehrten als unabhängigen Geist verehrte, war ich mir sicher, dass er wie die allermeisten Kollegen das Schicksal eines weißen Schwans teilen würde, der so schön er im Einzelnen auch sein mochte, im Schwarm der Schwäne verschwindet. Mir wird es nicht besser ergehen, dachte ich. Aber wäre das schlimm? Hier half die Trostformel: *Sub specie aeternitatis* – unter dem Gesichtspunkt der Ewigkeit. Sie ermuntert dazu, Vergängliches wie bedrucktes Papier, Medaillen und Ruhm nicht zu ernst zu nehmen und mit Ewigem zu verwechseln. So ist die Arbeit am eigenen Nachlass *sub specie aternitatis* zwar absurd – man will etwas erhalten, was letztlich nicht zu erhalten ist –, aber keineswegs absurder als das gemeine Leben schlechthin, das wir so anständig wie möglich meistern wollen, auch wenn wir seinen »Sinn« nicht begreifen können.

Bibliotheken, Archive, Museen, Gedenkstätten, Denkmäler aller Art sind Orte, in denen Ereignisse und Zeugnisse aus der Vergangenheit für die Zukunft, »zukünftige Generationen«, bewahrt werden sollen. Sie scheinen Tempel der Erinnerung zu sein, in denen Verfall, Vernichtung und Verschwinden aufgehoben sind und die einen besonderen Bezug zur »Ewigkeit« herstellen. Wer in sie eintritt, kann, wenn er nicht ganz abgestumpft ist, diesen Hauch spüren, vergleichbar mit der Empfindung beim Betreten eines Domes. Profane Orte mit sakraler Ausstrahlung? Ich erinnere mich an das Forschungsprojekt an einer Katholischen Fakultät, das sich mit dieser Frage auseinandersetzte. Doch inwieweit ist dieser gewisse Hauch überhaupt noch wahrnehmbar?

Die Nachlass-Idee spielt übrigens bei ökologischen Bewegungen in all ihren Spielarten eine zentrale Rolle. Die Botschaft lautet: Wir wollen einen Planeten hinterlassen, der auch für Kinder und Kindeskinder noch bewohnbar und lebenswert ist. Doch gerade im Zusammenhang mit der Idee der Klimarettung geht es nicht um wertvolle Güter, schöpferische Produktionen, die nachgelassen werden, sondern um Müll und Schadstoffe, die es zu vermeiden beziehungsweise zu entsorgen gilt. Man könnte von einem negativen Nachlass sprechen: Keine CO2-Emmissionen mehr, keine Chemikalien in der Landwirtschaft und so weiter. Der »CO2-Fußabdruck« oder *carbon footprint* ist zu einer berechenbaren Größe geworden, der den Umfang des sündhaften Ressourcenverbrauchs misst. Er wird in eingängigen Tabellen den bösen Menschen vor Augen gehalten, die das Ausmaß ihrer Verfehlung sogar selbst online ermitteln können – etwa mit Hilfe des CO2-Rechners des Umweltbundesamts.[97] Um das Ziel der »Klimaneutralität« zu erreichen, scheinen alle Mittel erlaubt, alle Maßnahmen gerechtfertigt, alle demokratischen Rechte und bürgerlichen Freiheiten in Frage gestellt werden zu dürfen. Hier ist jedoch kein Hauch der Ewigkeit zu spüren, sondern die faulige Stickluft eines ideologischen Gefängnisses, dessen Wärter und teilweise auch Insassen sich im Besitz der endgültigen Wahrheit wähnen.

---

97 https://www.wikiwand.com/de/CO2-Bilanz (9.05.2023);
     https://uba.co2-rechner.de/de_DE/?do=reset (9.05.2023)

Was kommt von innen, was von außen?

Anatomisch betrachtet gibt es eine scharfe Grenze zwischen unserem menschlichen Körper und allem anderen, was uns umgibt: nämlich die Haut mit den Hautanhangsgebilden (ein wunderbar deutsches Kompositum) wie Nägel und Haare einschließlich der Hornhaut des Auges. Für die Medizin ist die Frage von größter Bedeutung, ob eine Störung oder Krankheit von außen – durch Einwirken eines »Fremdkörpers« in welcher Form auch immer – oder von innen – durch »Veranlagung« oder Fehlsteuerung – kommt. Wie schwierig oder gar unmöglich es sein kann, beides voneinander zu trennen, zeigt die Problematik der Autoimmunerkrankungen. Die Grenze, die das Innen vom Außen scheidet, ist freilich porös. Die *perspiratio insensibilis*, der unsichtbare Verlust von Wasser über die Hautzellen, die zu stetigem Gewichts- und Wärmeverlust des Gesamtorganismus führt, wurde von dem italienischen Naturforscher Santorio Santorio im Selbstexperiment zu Anfang des 17. Jahrhunderts nachgewiesen. Doch die physiologische Forschung, die sich in besonderer Weise mit der Innen-Außen-Problematik etwa bei der Atmung oder der Ernährung auseinandersetzt, soll hier nicht weiter erörtert werden.

In der Psychiatrie ist von alters her die Frage, ob eine bestimmte Krankheit von außen oder von innen kommt, fundamental. Hat eine psychische Erkrankung eine »endogene« oder »exogene« Ursache? Als »endogene Psychosen« werden Geisteskrankheiten aufgefasst, die nicht durch äußere Einflüsse oder psychogene Faktoren erklärt werden können. In der psychiatrischen Praxis treffen zwei Welten aufeinander: die Welt des Patienten und die des Arztes, der Medizin. Was der Wahnkranke als Realität erlebt, wird vom Arzt als innerpsychische Einbildung ohne Realitätsbezug interpretiert. Wahn und Wirklichkeit schließen sich im Ordnungsdenken des medizinischen Menschenbildes aus. Es gibt nur ein Entweder-Oder. Dieses theoretische Voraussetzung besagt jedoch nichts über die Qualität der konkreten psychiatrischen Behandlung und schließt keineswegs einen einfühlsamen Umgang des Arztes mit seinem Patienten aus.

Im Folgenden möchte ich anhand eines banalen persönlichen Erlebnisses die Innen-Außen-Problematik beleuchten. Ich beiße in das Hinterteil eines »Goldhasen« von Lindt, die Schokolade zergeht ohne viel zu kauen leicht im Mund, da spüre ich zwei oder drei harte Splitter und ich bin froh, dass ich nicht mit aller Kraft darauf gebissen habe, was den Backenzähnen nicht gutgetan hätte. Es gelingt mir, einen der winzigen Splitter aus dem Mund zu fischen, auf ein Papier zu legen und mit Tesafilm festzukleben. Er ist offensichtlich aus Metall. Es muss sich um einen Produktionsfehler handeln: Bei der Herstellung des »Goldhasen« sind wohl irgendwelche Splitter aus einem Produktionsgerät in die Schokolade geraten. Ich bin mir absolut sicher. Ich fotografiere meinen Fund und bin entschlossen, der Firma eine Warnung mit fotografischem Nachweis per E-Mail zu übersenden. Aber als ich mit der Zunge eine scharfkantiges Loch an einem Zahnhals spüre, wird mir klar: Da hat sich eine Amalgam-Füllung abgelöst. Was ich als Fremdkörper wahrgenommen habe, stammt von mir selbst!

Natürlich kann eine solche Projektion auch in umgekehrter Richtung funktionieren: Was man für selbst gemacht, von einem selbst ausgehend hält, entspringt einer äußeren Quelle. Hier fällt mir die Überwindung der historischen Lehre vom Zahnwurm ein. In einem einfachen Experiment konnte Mitte des 18. Jahrhunderts der Naturforscher Jacob Christian Schäffer nachweisen, dass die vermuteten »Zahnwürmer«, die vermeintlich mit dem Rauch von Bilsenkraut ausgetrieben werden konnten, tatsächlich vom

Bilsensamen herrührten.[98] Die »Würmer« stammten also nicht von innen, sondern von außen – ein Musterbeispiel für wissenschaftliches Vorgehen im Zeitalter der Aufklärung.

In der Wissenschaftsgeschichte ist allerdings die Scheidewand zwischen Religion, Magie, Aberglaube oder Okkultismus – wie immer der außer(natur)wissenschaftliche Bereich mehr oder weniger pejorativ aus wissenschaftlicher Warte bezeichnet wurde – und der empirisch-rationalen Wissenschaft im Sinne der Naturwissenschaften nicht so undurchlässig, wie gemeinhin angenommen. Magie und Alchemie in der frühen Neuzeit oder Mesmerismus und romantische Naturforschung um 1800 ließen die Scheidewand teilweise verschwinden – was den Diskurs der Wissenschaft eher befruchtet als blockiert hat. Inwieweit das quantenmechanische Konzept der »Verschränkung« im Sinne der Quantenphysik die Trennlinie zwischen Psychologie und Parapsychologie durchlässiger machen kann, sei dahingestellt.

Was hat die Innen-Außen-Problematik mit der »Zeitenwende« zu tun? Blicken wir zunächst auf die Corona-Krise. Kennzeichnend war das Aufblühen der Kriegsmetaphorik: das Corona-Virus als Feind des Menschen schlechthin. Kann man sich einen heimtückischeren Feind überhaupt vorstellen: winzig klein, unsichtbar, lebensgefährlich, sich rasant verbreitend, von jedem und auf jeden Mitmenschen übertragbar? Die quasi kriegerischen Abwehrmaßnahmen fielen dementsprechend aus. Schutzschilde aller Art wurden umgebunden, vorgehalten, anmontiert. *»Stay at home«* wurde als ethische Leitlinie ausgegeben, Rückzug in die eigene Burg, Vermeidung jeglichen Feindkontakts, Denunziation von Verrätern. Draußen lauerte der Feind, der es auf die Gesundheit des eigenen Organismus abgesehen

---

98 Vgl. Heinz Schott (Hg.): *Der sympathetische Arzt. Texte zur Mediizin im 18. Jahrhundert.* München 1998, S. 122.

hatte und ihn mit dem tödlichen Gift infizieren wollte.[99] Dass diese Einstellung selbst Gift für die seelische Gesundheit war, dass Angst und Panik krankmachend sind, dass der beste Schutz in einer solch undurchsichtigen Lage eine vernünftige Gelassenheit darstellt, konnte und durfte öffentlich nicht diskutiert werden. So wurde die wunderbare Abwehrkraft des Immunsystems nicht nur außer acht gelassen, sondern durch stetige Angst geschwächt. So wurden alte Weisheit, traditionelle Erfahrung und modernes immunologisches Wissen gleichermaßen ignoriert.

Interessante Ansichten der Innen-Außen-Problematik bieten die immer schriller werdenden Diskussionen über den »Klimawandel«. Alle politischen Maßnahmen orientieren sich wie gesagt (vgl. S. 91) vor allem an zwei Grundannahmen : (1) Der Klimawandel im Sinne der Erderwärmung ist menschengemacht und korreliert direkt mit dem Ausstoß von CO2 als wichtigstes »Treibhausgas«; und (2) um die Klimakatastrophe abzuwenden, sollen die CO2-Emmissionen schleunigst bis zur »Klimaneutralität« reduziert werden. Ich frage hier nicht nach der wissenschaftlichen Plausibilität der beiden Annahmen, die mir fragwürdig erscheint, sondern nach der Rolle, welche die Vorstellung von Innen und Außen dabei spielt. Wo wird CO2 erzeugt und nach außen in die Umwelt abgegeben? Natürlich in tierischen einschließlich menschlichen Organismen durch die Atmung, sodann durch Verbrennung fossiler Stoffe, die aus technischen Anlagen ausströmen: aus Kraftwerken, Motoren, Öfen. Das Denkmuster folgt einer globalen Vergiftungsidee: Der Mensch und seine Technik vergiften den Planeten. In ihm und seinen Maschinen ist die Quelle des Unheils zu suchen. Wenn dem so ist, muss die Quelle buchstäblich ausgeschaltet werden. Gas- und Ölheizungen müssen weg, Kohlekraftwerke sind möglichst stillzulegen. Sonne und Wind sollen es

---

99   Die Aktion *#allesdichtmachen* deutschsprachiger Schauspieler vom April 2021 kritisierte in satirischen Videoclips die herrschende Corona-Politik.

richten. (Die Abschaltung funktionierender Kernkraftwerke läuft freilich auf einem anderen ideologischen Gleis.) Folglich ist die Atmung des Menschen klimaschädlich und in letzter Konsequenz hat nach dieser Logik der Mensch selbst als Schädling zu verschwinden. Der Verzicht auf die Zeugung von Kindern aus ökologischen Gründen ist dann eine plausible Schlussfolgerung. Vor einigen Jahren meinten gewisse Nachhaltigkeitsforscher (so werden sie tatsächlich genannt), »dass die Entscheidung, weniger Kinder zu bekommen, die effektivste Lebensentscheidung überhaupt ist für Menschen, die sich um den Klimawandel sorgen.«[100] Hier geraten wir in eine gefährliche Nähe zur Aufforderung, kollektiv Selbstmord zu begehen, was ja in der Kulturgeschichte kein Novum darstellt.

Über Kommunikation und ihre digitale Auflösung

Seit es Schriftzeugnisse gibt, lassen sich Briefe und »Sendschreiben« als besondere Instrumente der Mitteilung ausmachen. Briefwechsel gehören zu den wichtigsten kulturhistorischen Quellen. Briefe wurden seit dem Altertum auf dem Land- oder Seeweg und seit dem 20. Jahrhundert auch auf dem Luftweg befördert. Die Post war ein entscheidendes Transportmittel, das im Laufe der Neuzeit ausgebaut und schließlich im 19. Jahrhundert mit der industriellen Revolution flächendeckend perfektioniert wurde. Am Beispiel des legendären *Buffalo Bill* lässt ich eine umwälzende Neuerung beim Austausch von Informationen über weite Entfernungen hinweg illustrieren. William Cody (1846-1917), so sein bürgerlicher Name, ein Abenteurer und Begründer der *Wild West Show*, war schon mit 14 Jahren als Postreiter beim *Pony Express* angestellt. Es handelte sich um eine Stafette, bei der

---

100 https://www.fr.de/wissen/kinderlos-klima-retten-11005282.html (12.05.023)

nach jeweils rund 80 Kilometern ein neuer Reiter die Sendung übernahm. So wurden damals über eine Strecke von mehr als 3.100 Kilometer Postsachen von St. Joseph (Missouri) bis nach San Francisco befördert.[101] Als die transkontinentale Telegrafenleitung errichtet worden war, stellte der *Pony Express* seinen Dienst aus finanziellen Gründen ein. Als ich einmal in Denver im US-Bundesstaat Colorado einen Kongress besuchte, merkte ich, dass Bill Cody nur etwa 30 Kilometer entfernt begraben war. Ich buchte eine *Sightseeing Tour*, die zum *Buffalo Bill Museum & Grave* auf dem »Aussichtsberg« (*Lookout Mountain*) führte. Von dort hat man einen grandiosen Fernblick über die Prärie, die sich wie ein Meer unendlich auszudehnen scheint. Ohne den Band *Der Pony-Express* in der Comic-Serie *Lucky Luke* hätte ich von dieser Kommunikationsmethode nichts gewusst und wäre auch nicht auf die Idee gekommen, die Halbtagestour zu buchen. Zu meiner großen Überraschung kannte in der Reisegruppe – überwiegend Amerikaner – niemand *Lucky Luke*.

Gegenüber dem *Pony Express* hat die elektronische Kommunikationstechnologie bis hin zum Handy zu einer rasanten Beschleunigung geführt. Texte, Bilder, Audios, Videos können blitzschnell global geteilt werden. Postkutschen und Posthörner sind allenfalls noch in historischen Filmen oder Museen zu bestaunen. Jedoch kann die Kommunikation übers Internet empfindlich gestört werden. Bei der Umstellung eines Systems der E-Mail-Verwaltung war ich vor Kurzem wochenlang von meinem Account getrennt, konnte keine Mail empfangen oder absenden und auch die früheren Korrespondenzen nicht mehr einsehen. Die *Security*, die Sicherheitsexperten hatten zugeschlagen und die Handhabung – sicher in bester Absicht – so verkompliziert, dass selbst die IT-Leute im Rechenzentrum nicht weiterwussten. Stundenlanges Probieren auf meinem Notebook, Beratungen mit dem Rechenzentrum, zunächst

---

101 https://www.wikiwand.com/de/Pony-Express#Streckenf%C3%BChrung (13.05.2023)

über Telefon und dann direkt vor Ort, blieben erfolglos. Ironie der Geschichte: Den Fehler im System zu entdecken dauerte etwa dreimal so lang wie man seinerzeit für die Überquerung des nordamerikanischen Kontinents auf dem Pferderücken benötigte.

Das Rechenzentrum ist in einem schmucklosen dreistöckigen Zweckbau der 1960er Jahre untergebracht. Ständig wird dort irgend etwas repariert oder renoviert. Als ich nach mehreren Kontaktversuchen per E-Mail endlich zu dem Mitarbeiter vordringen konnte, standen einige Zimmer leer, sie waren gerade frisch gestrichen worden. Zwischendrin hörte man lautes Geräusch von Elektrobohrern oder Schleifgeräten. Er stand am Freitagmittag kurz vor Feierabend auf verlorenem Posten, Kollegen in Urlaub oder im Home Office, das Sekretariat verwaist, der zuständige Experte von der *Security* nicht mehr greifbar. So war alle Liebesmüh vergebens und ich fuhr unverrichteter Dinge mit meinem Notebook und Smartphone wieder nach Hause. Das Paradoxe: Die Kommunikationszentrale, die für den Großbetrieb eines Klinikums zuständig ist, leidet nicht nur selbst an Kommunikationsstörungen, sondern produziert auch ebensolche. Nicht weil die Menschen dort boshaft oder unfähig wären. Nein: Weil sie in einen Apparat eingebaut sind, in dem sich viele Räder und Rädchen drehen, die nicht immer planmäßig ineinandergreifen und etwas gezielt in eine Richtung befördern können. So sitzen die Angestellten vor ihren großen und hochmodern gebogenen Monitoren und tippen Codes aller Art ein, telefonieren über Headset mit Kollegen, die auch nicht recht weiterwissen, ärgern sich über das Ganze und sind froh, wenn sie sich ins Wochenende retten können. Auf meine Frage, wo denn der entscheidende *Security*-Experte säße, meinte der Mitarbeiter, vielleicht ein Stockwerk tiefer oder in einem anderen Gebäude, er wisse das nicht. Um eine solche Arbeitswelt zu charakterisieren, bemüht man meistens Kafka beziehungsweise das geläufige Adjektiv kafkaesk. Während sich bei ihm aber noch

Menschen aus Fleisch und Blut (»analog«) begegneten und im kommunikativen Nirwana landeten, sind die heutigen Begegnungen überwiegend virtuell (»digital«). Dies führt zu nicht minder befremdlichen Vorgängen. So entsteht mitunter eine diffus-bedrohliche Atmosphäre, in der sich Hilflosigkeit, Frustration und Wut miteinander vermischen.

Die zunehmende Totalisierung der Kommunikation im digitalen Zeitalter fördert das Gegenteil von dem, was das lateinische Wort *communicatio* meint: Mit-Teilung. Der Austausch von Gedanken wird wie das Bild des Gesprächspartners auf dem Flachbildschirm flach, es fehlt die physische Gestalt mit all ihren Eigentümlichkeiten, zu denen auch die Körpersprache, der Geruch, die Kleidung, ja alles, was an ihm ist, gehören. Was uns gemeinsam ist, der Raum, in dem wir zusammen sitzen, die Luft, die wir zusammen atmen, die Wolken, die wir gemeinsam durchs Fenster sehen, das Vogelgezwitscher, das wir gemeinsam hören, den Kaffeeduft, den wir gemeinsam riechen – all das wird bei einer virtuellen Konferenz ausgeklammert, ausgelöscht. Es mag ja Vorgänge geben, bei denen diese Ausklammerung oder Auslöschung sogar wünschenswert ist, etwa bei der Online-Bestellung einer wetterbeständigen Lasur für die Gartenmöbel oder beim Kauf eines Online-Tickets für eine Bahnfahrt am heimischen Computer. Aber im Allgemeine profitieren wir von der persönlichen Begegnung, sei es, dass wir vom Gegenüber angenehm, sei es, dass wir unangenehm von ihm beeindruckt werden und daraus unser Schlüsse ziehen. Hier spielen sich Wechselwirkungen ab, die im Mesmerismus und in der romantischen Psychologie um 1800 von Ärzten und Naturforschern experimentell erforscht wurden. Ausdrücke wie »Mitteilung des Lebensfeuers« oder »Fühlfäden« versuchten, eine Kommunikation *sensu stricto* zu beschreiben. Mit-Teilen bedeutet dann etwas Substanzielles, quasi Physikalisches von sich auf andere zu übertragen.

Von einer solchen sinnlichen, körperlich erfahrbaren Kommunikation entfernen wir uns heute mehr und mehr. Die E-Mail-Korrespondenz bringt die Qualität des Papiers, die unverwechselbare Handschrift, die Farbe der Tinte, die Besonderheit des Umschlags und der Briefmarke zum Verschwinden. Sie erscheinen als überflüssiger Ballast, belastend für den ungehinderten Informationsfluss. Doch wie Ballaststoffe für den Verdauungsvorgang wesentlich sind, so »analoge« Elemente für die Mitteilung. Um auf der metaphorischen Ebene zu bleiben: Unsere digitale Kommunikation können wir mit einer wechselseitigen intravenösen Infusion vergleichen, wodurch von »Ballast« gereinigte Informationen zweidimensional auf Bildschirmen ausgetauscht werden, während unsere persönliche Unterhaltung einem gemeinsamen Essen an einem gedeckten Tisch gleichkäme. Die erstere Art der Kommunikation hat den Charakter einer »Infusion«, die letztere den eines »Symposiums«. Wenn Karl Marx einst vom Arbeiter als »Anhängsel der Maschinerie« sprach, so erscheint heute der Mensch schlechthin als Anhängsel der elektronischen Apparatur, deren jüngste Errungenschaft das Handy in jedermanns Tasche darstellt. Es eröffnet in unendlicher Vielfalt virtuelle Kommunikationsräume in globalem Ausmaß, die Infusionen gleichen und herkömmlichen »Symposien« zunehmend den Rang ablaufen. Wer mit Bus oder Bahn fährt, kann das beobachten. Wo sich die Leute früher etwas zu sagen hatten und der Raum mit (nicht nur angenehmen) Stimmen durchdrungen war, herrscht heute Stille: Die Fahrgäste sind mit ihren Handys beschäftigt. Das kann man gut oder schlecht finden. Lebensfroher macht einen diese Stille inmitten der real voneinander isolierten, virtuell aber weltweit durchs Internet miteinander verbundenen Monaden wohl kaum.

Das Gendern ist der Woken Lust

Ich wurde von einem Kollegen auf eine laufende Online-Petition aufmerksam gemacht, wo unter der Überschrift *»Keine Rassist*innen als Namensgeber*innen – Uniklinikum Carl Gustav Carus & Co. umbenennen«* Unterschriften gesammelt wurden. Zur Begründung heißt es – der erste Satz war fett gedruckt –: *»Wir fordern die Umbenennung der medizinischen Fakultät und des Universitätsklinikums Dresden, die noch immer nach einem Vordenker der Rassenlehre benannt sind. Rassist*innen sollten keine Vorbilder sein, erst recht nicht in Ostsachsen und anderen Regionen, in denen rechtes Gedankengut bis weit in die gesellschaftliche Mitte reicht. Insbesondere nicht, wenn sich Institutionen, wie die medizinische Fakultät Dresden, Weltoffenheit und Toleranz auf die Fahne schreiben.*

Kritmed Dresden ist eine Gruppe mit studentischen Mitgliedern sowie Mitgliedern aus der Pflege und Ärzt*innenschaft, die sich kritisch mit medizinpolitischen Themen auseinandersetzt. Im Rahmen der Arbeitsgruppe Antirassismus/Städtische Dekolonialisierungsprozesse befassen wir uns aktuell mit Carl Gustav Carus und sind zu dem Schluss gekommen, dass eine universitäre Einrichtung, nicht von einer solchen Figur repräsentiert werden sollte.«*[102]

Adressat der Petition sind Klinikleitung, Fakultätsrat und Dekanatskollegium. Im vorliegenden Text stechen natürlich die Gender-Sternchen ins Auge. Die »Ärzt*innenschaft« ist als Stilblüte inzwischen allgemein etabliert. Zu den »Rassist*innen«, die als »Namensgeber*innen« in Frage kommen könnten, fällt mir im 19. Jahrhundert aber kein einziges weibliches Wesen ein. So huldigt man

---

102 https://weact.campact.de/petitions/keinen-rassist-innen-als-namensgeber-innen-uniklinikum-carl-gustav-carus-co-umbenennen (17.05.2023)

absurderweise der Gender-Gerechtigkeit auf dem Feld des Rassismus, was ungewollt komisch wirkt und vom Kern der Botschaft ablenkt. Soll auch dort die Vorherrschaft des (alten weißen) Mannes gebrochen werden? Der Kampf gegen »rechtes Gedankengut« gerade in »Ostsachsen« darf natürlich nicht unerwähnt bleiben. Die Initiativgruppe Kritmed* Dresden zeigt auf ihrer Homepage unter der Rubrik *Schwangerschaftsabbrüche – Ein Leitfaden* den merkwürdigen Satz: »Auch wenn auf den verlinkten Websites fast immer von Frauen die Rede ist, sind wir uns darüber bewusst, dass nicht nur Frauen schwanger werden können.« Soviel Bewusstheit muss natürlich ausgesprochen werden.

Ich erinnere mich an die Zeit, als das Gendern noch nicht *en vogue* und der Terminus selbst noch gänzlich unbekannt war, als die Anrede von unverheirateten Frauen mit »Fräulein« erst nach und nach als diskriminierend empfunden wurde – bei der TV-Krimiserie *Derrick* war das noch nicht der Fall. Damals konnte man sich mit bewusstem Gendern noch Späße erlauben. Ich erinnere mich an beliebte Bonner Kabarettisten, die ihr Publikum mit »liebe Mitgliederinnen und Mitglieder« begrüßten, was mit Schmunzeln oder Lachen quittiert wurde. Vielleicht kommt es im Rheinland häufiger als anderswo vor, dass auch außerhalb humoristischer Veranstaltungen allen Ernstes »Mitgliederinnen und Mitglieder« zu verschiedenen Anlässen angesprochen werden. Besonders witzig fand ich es, als vor Jahren auf einem Plakat zur Wahl von »Mitgliederinnen und Mitgliedern« des Beirats der Frauenbeauftragten (heute: Gleichstellungsbeauftragten) der Universität aufgerufen wurde. Schließlich fiel das sprachliche Malheur einem/r aufmerksamen Leser*in auf, aber die Plakate waren schon gedruckt und mussten nun ohne »Mitgliederinnen« neu hergestellt werden.

In Anlehnung an das Volkslied: *Das Wandern ist des Müllers Lust* könnte man auch fortsetzen: »Das kann kein echter Woker sein, dem niemals fällt das Gendern ein«. Ich habe hier wegen des Reims das generische Maskulinum gewählt, das selbstverständlich beide Geschlechter umfasst. Wieweit dieser Drang und Zwang inzwischen die Geister umnebelt, zeigt beispielhaft der Kommentar, den die damalige rheinland-pfälzische Umweltministerin Anne Spiegel angesichts der sich abzeichnenden Flutkatastrophe im Ahrtal am 14. Juli 2021 abgab. Sie verbesserte den Entwurf einer Pressemitteilung mit der Notiz »Bitte noch gendern: CampingplatzbetreiberInnen. Ansonsten Freigabe.« Im Übrigen sei »kein Extremhochwasser« zu erwarten.[103] In jener Nacht ertranken 135 Menschen.

Gendern ist zu einer ideologischen Maxime geworden, die im öffentlichen Raum immer vorherrschender wird, ablesbar an offiziellen Sprachreglungen in Stadtverwaltungen und universitären Einrichtungen. Darauf kann ich hier nicht eingehen. Ich beschränke mich auf einige persönliche Beobachtungen, die mir einfallen. Irgendwann gegen Ende des Jahres 2020, also mitten in der kräftezehrenden Corona-Krise, setzte das ZDF ein Zeichen: Klaus Kleber und Marietta Slomka zelebrierten das gesprochene Gender-Sternchen durch einen eingeschobenen Knacklaut vor »innen«.[104] Der *glottal stop*, zu Deutsch »Glottisschlag«, eine Besonderheit der deutschen Sprache bei Silben, die mit einem Vokal beginnen, wurde nun aus berufenem Munde durch gesprochenes *Gender Mainstreaming* eigens gewürdigt. Als ich diesen politisch korrekten Glottisschlag zum ersten Mal im Fernsehen hörte, hielt ich das für ein zufälliges Stottern. Doch bald schon wurde mir bewusst, dass sich hier eine modische Marotte Geltung verschaffte. Sie fand rasch dankbare Nachahmer – ein Beispiel für die Wirksamkeit geistiger Ansteckung. Wer war dagegen immun? Auffallenderweise gerade nicht diejenigen, denen man

---

103 https://www.berliner-zeitung.de/news/flutkatastrophe-bitte-noch-gendern-campingplatzbetreiberinnen-li.216167 (20..05.2023)
104 (22.06.2023)https://uebermedien.de/55504/eine-kleine-pause-die-einige-leute-aufregt/#kommentieren

kritischen Verstand und ästhetisches Sprachgefühl am ehesten unterstellen würde: nämlich die Wissenschaftler*innen. Ich konnte es nicht fassen, wie selbstverständlich und beiläufig hochmögenden Moderator*innen und Expert*innen der eingeschobene Knacklaut bei Zoom-Konferenzen und persönlichen Treffen aus der Kehle kam. Man zuckt zunächst zusammen, aber mit der Zeit schafft die Gewöhnung eine neue Normalität. (Ich selbst werde mich wohl nie daran gewöhnen können.)

Zum »Gendergaga« sind inzwischen bissige Polemiken und kluge Abhandlungen verfasst worden.[105] Ob es tatsächlich zu einer Umkehr kommt, ist ungewiss. Unwillkürlich stellen sich Attitüden ein, die für Kabarettisten ein gefundenes Fressen wären. Es gibt Strategien, um das nicht von allen geliebte Gender-Sternchen beziehungsweise den entsprechenden Knacklaut zu vermeiden. Die wichtigste davon ist das Einsetzen der Verlaufsform eines Zeitworts: etwa »Studierende« oder »Radfahrende«. Dass dieser Notbehelf die Sprache vergewaltigt, wird heute nur noch von den wenigsten verspürt. Der Student ist eben nur dann auch ein Studierender, wenn er am Schreibtisch oder im Hörsaal sitzt, und der Radfahrer nur dann ein Radfahrender, wenn er in die Pedale tritt. Aber der Zweck heiligt die Mittel. Um umständliches Gendern zu umschiffen, weicht man auf sprachlich Verunglücktes aus. Die meisten werden sich an das manierierte Sprechen und Schreiben gewöhnen und als normal empfinden. So feiert das Gerundium allenthalben fröhliche Urständ. Das generische Maskulinum hat ausgedient und wird zusammen mit dem »alten weißen Mann« moralisch entsorgt, so die woke Wunschvorstellung.

---

105 Vgl. u. a. Birgit Kelle: *Gendergaga. Wie eine absurde Ideologie unseren Alltag erobern will.* München 2021.

»… eine ganz dünne Kruste über einem Vulkan«

Der Ausspruch »Die Zivilisation ist eine ganz dünne Kruste über einem Vulkan« wird dem Philosophen Ernst Cassirer zugeschrieben, der 1933 aus Deutschland emigrieren musste.[106] Sinngemäß ähnliche Formulierungen finden sich zuhauf, besonders prominent bei Sigmund Freud. Zum hundertjährigen »Jubiläum« des Ausbruchs des Ersten Weltkriegs kam es zu einer verstärkten Rückbesinnung auf die »Urkatastrophe« und ihre Folgen. Das Sachbuch des Historikers Christopher Clark *Die Schlafwandler – Wie Europa in den Ersten Weltkrieg zog* – auf Englisch 2012, in deutscher Übersetzung bereits im darauf folgenden Jahr erschienen – wurde zu einem internationalen Bestseller. Schlafwandler oder »Somnambule« – ein Terminus, der in Psychologie und Psychiatrie des 19. Jahrhunderts ein zentrale Rolle spielte – zeichnen sich dadurch aus, dass ihr kritisches Bewusstsein ausgeschaltet ist und sie Suggestionen, verstärkt in einer Masse, automatisch folgen. Eine Suggestion wird aber nur wirksam, wenn sie sich in eine Autosuggestion verwandelt. Insofern ist Letztere der Schlüssel für die Phänomene des Somnambulismus. Mit anderen Worten: Man glaubt in diesem veränderten Bewusstseinszustand automatisch an das, was man zu hören oder zu sehen bekommt.

Der geniale Werbepsychologe Edward Bernays, ein in den USA beheimateter Neffe Sigmund Freuds, erkannte die sozialpsychologischen Mechanismen der Propaganda[107] und prägte den Begriff der *Public Relations (PR)*[108]. Die brutale Kehrseite der

---

106 https://de.wikiquote.org/wiki/Ernst_Cassirer (4.07.2023)
107 Edward Bernays: *Propaganda*. New York 1928 (dt. Übersetzung: Freiburg im Breisgau 2007).
108 Edward Bernays: *Crystallizing Public Opinion*. New York 1923.

Medaille der Massenbeeinflussung ist die Gehirnwäsche (*brainwashing*), wie sie in totalitären Regimen als Methode der politischen Umerziehung eingesetzt wird. Die Zivilisation hängt wesentlich davon ab, welche Bilder der Propaganda von den Menschen Besitz ergreifen und sich im Gehirn verankern können.

Das Lied von der Glocke von Friedrich Schiller, 1799 veröffentlicht, bringt die Erkenntnis von der »dünnen Kruste der Zivilisation« auf den Punkt.[109] Es zeigt den Umschlag, den »Kipppunkt«, um ein Modewort zu bemühen, einer revolutionären Bewegung in die Barbarei: »Da werden Weiber zu Hyänen ...«. Ich zitiere die Passage:

> *Wo rohe Kräfte sinnlos walten,*
> *Da kann sich kein Gebild gestalten,*
> *Wenn sich die Völker selbst befreyn,*
> *Da kann die Wohlfahrt nicht gedeihn.*
>   *Weh, wenn sich in dem Schooß der Städte*
> *der Feuerzunder still gehäuft,*
> *Das Volk, zerreissend seine Kette,*
> *Zur Eigenhilfe schrecklich greift!*
> *Da zerret an der Glocke Strängen*
> *Der Aufruhr, daß sie heulend schallt,*
> *Und nur geweiht zu Friedensklängen*
> *Die Losung anstimmt zur Gewalt.*
>   *Freyheit und Gleichheit! hört man schallen,*
> *Der ruh'ge Bürger greift zur Wehr,*
> *Die Straßen füllen sich, die Hallen,*
> *Und Würgerbanden ziehn umher,*
> *Da werden Weiber zu Hyänen*
> *Und treiben mit Entsetzen Scherz,*
> *Noch zuckend, mit des Panthers Zähnen,*
> *Zerreissen sie des Feindes Herz.*
> *Nichts heiliges ist mehr, es lösen*

---

109 https://de.wikisource.org/wiki/Das_Lied_von_der_Glocke_(1800) (29.06.2023)

Sich alle Bande frommer Scheu,
Der Gute räumt den Platz dem Bösen,
Und alle Laster walten frey.
Gefährlich ist's den Leu zu wecken,
Und grimmig ist des Tigers Zahn,
Jedoch der schrecklichste der Schrecken
Das ist der Mensch in seinem Wahn.
Weh denen, die dem Ewigblinden
Des Lichtes Himmelsfackel leihn!
Sie leuchtet nicht, sie kann nur zünden
Und äschert Städt' und Länder ein.

Die Kruste, die Schicht, der Firnis der Zivilisation sei dünn, mahnen seit mehr als hundert Jahren die Gelehrten, darunter namhafte Philosophen, Psychologen, Literaten. Sie hatten die Schrecknisse des Ersten Weltkriegs vor Augen, als technisch wie kulturell hochentwickelte Nationen sich in blutrünstige Monster verwandelten. Unter der zivilisierten Oberfläche lauerten primitive Triebkräfte, die sich im Krieg Bahn brachen. So prangerte Sigmund Freud die kriegerische Zerstörung der Kultur mit ihren zivilisatorischen Errungenschaften an.[110] Pazifismus war für ihn die entscheidende Forderung zur kulturellen Weiterentwicklung der Menschheit. Für Gustave LeBon, der rund 20 Jahre zuvor seine wirkmächtige Schrift *Psychologie der Massen* veröffentlicht hatte, diente vor allem die Terrorphase der Französischen Revolution als Anschauungsmaterial.

Zweiter Weltkrieg und Holocaust werfen mit ihren Gräueln einen schaurigen Schatten, der nicht verschwinden will. Trotz aller Versöhnungsrituale, Gedenkstätten, Erinnerungsorte, Fachbücher, Romane, Filme, Dokumentationen – trotz aller Feiern, Festreden, Orden, Preise und Beschwörungsformeln (»Nie wieder Krieg«, »Wehret den Anfängen« »Schwerter zu Pflugscharen« etc.): Das Undenkbare, Unfassbare, für unmöglich Gehaltene ist geschehen. In

---

110 Vgl. insbesondere Sigmund Freud: *Zeitgemäßes über Krieg und Tod* (1915).

Europa wird wieder einmal Krieg geführt, mit modernsten Waffen, ohne Rücksicht auf Verluste, mit Kriegspropaganda auf beiden Seiten. Die militärische Aufrüstung genießt Priorität. Drohnen, Kampfjets, Panzer, Raketen sind nun gefragt. Schon erscheinen Leute, die zum Frieden aufrufen und Verhandlungen fordern, als Fünfte Kolonne des Feindes. Noch sind die Supermärkte voll mit Lebensmitteln, noch fliegen viele nach der Corona-Krise wieder »wie früher« nach Mallorca oder in die Türkei, noch genießt man sein Weizenbier im Biergarten. Doch diese Normalität ist nicht mehr die alte. Sie wird durch eine allgemeine Nervosität unterminiert, die Spannung wächst, während das Land an vielen Ecken und Enden zerbröselt und das Vertrauen in die politischen Entscheidungsträger von Grund auf erschüttert ist. Die brennenden Probleme wie Inflation, Migration und Energieversorgung werden nicht angegangen, sondern durch willkürliche Maßnahmen weiter verschärft. Noch halten die Menschen still. Aber:

> *Weh, wenn sich in dem Schooß der Städte*
> *der Feuerzunder still gehäuft,*
> *Das Volk, zerreissend seine Kette,*
> *Zur Eigenhilfe schrecklich greift!*

Niemand kann in die Zukunft sehen. Die Unbekümmertheit, wie heute in politischen Kreisen über einen Krieg gegen Russland sinniert wird (natürlich nur aus den hehrsten Motiven), lässt nichts Gutes erahnen. Aber nirgends spüre ich echte Kriegsbegeisterung. Vielmehr macht sich Lethargie breit, die Menschen gleichen eher eine Herde von Rindviechern, die sich wie in einem Western von Cowboys in einen Korral treiben lassen. Sie gleichen Mitläufern, die ihr kritisches Selbstbewusstsein aufgegeben haben. Dennoch: Es kann durch ein äußeres Ereignis ein plötzliches Erwachen geben und eine angestaute Wut zum Ausbruch kommen, wodurch sich »alle Bande frommer Scheu« lösen.

Um auf das metaphorische Bild zurückzukommen: Die Erdkruste ist dünn, vulkanische Eruptionen können sie durchbrechen und verheerende Folgen für den gesamten Globus haben. Auch die Zivilisation beruht auf einer dünnen Oberfläche. Jederzeit können urtümliche Gewalten etwa in Kriegen, Bürgerkriegen oder Massenhysterien zum Ausbruch kommen und sie zerstören. Oft genügt ein einziger Schuss, um ein politisches oder gesellschaftliches Pulverfass zum Explodieren zu bringen – von Sarajevo 1914 bis hin zu Paris 2023.[111] Nicht weniger wirksam kann auch ein einziger symbolischer Schuss sein, um weltweite Erschütterungen hervorzurufen, wie gewaltsame Massenproteste in islamischen Ländern gegen die Mohammed-Karikaturen gezeigt haben, die eine dänische Tageszeitung 2005 abgedruckt hatte.[112] Die sozialen Plagen – Plage war einmal ein Synonym für Pest – des 20. Jahrhunderts, vor allem die Weltkriege und totalitären Diktaturen, haben die Illusion genährt, dass alle drohenden Untergänge vom Fehlverhalten des Menschen abhingen und deshalb auch durch Änderung seines Verhaltens verhindert werden könnten. Diesem gedanklichen Muster folgen gegenwärtig besonders augenfällig alle Initiativen zur »Klimarettung«. Der bereits erwähnte Schlüsselbegriff »Anthropozän« (S. 92) stellt fest, dass wir in einem neuen Erdzeitalter angelangt seien, dem »Zeitalter des Menschen«[113]. Demnach erscheinen die globalen technisch-industriellen Umwälzungen primär als Akte der Naturzerstörung mit verheerenden Folgen: vom Abschmelzen der Polkappen und Gletscher durch die (»vom Menschen gemachte«) Erderwärmung bis hin zum Plastikmüll in den Ozeanen. Der Mensch zerstört die Natur und gefährdet damit das Überleben der Menschheit.

111 Trotz aller Unterschiede: Ein Schuss in Sarajevo (tatsächlich waren es zwei) löste 1914 den Ersten Weltkrieg aus; ein Schuss in Paris führte im Sommer 2023 Frankreich an den Rand eines Bürgerkriegs.
112 https://www.wikiwand.com/de/Mohammed-Karikaturen (2.07.2023)
113 https://www.zdf.de/dokumentation/terra-x/anthropozaen-das-zeitalter-des-menschen-trailer-100.html (21.08.2023)

Je stärker dieser Gedanke vorherrscht, umso radikaler die Schlussfolgerungen. Denn um die Welt zu retten, sind alle Mittel erlaubt. Demokratie und Rechtsstaat verlieren angesichts der drohenden Katastrophe ihren Wert, widerspenstige Geister sind auszuschalten. Man bezeichnet diese dann als Leugner, Verschwörungstheoretiker oder Rechtspopulisten. Sie scheinen vom wissenschaftlichen Glauben abgefallen zu sein und nehmen die Stellung von früheren Ketzern, Apostaten oder Renegaten ein. *Follow the science* – Folgsamkeit, Gefolgschaft wird eingefordert. Wer sie verweigert, gerät ins Abseits.[114]

Eine einfache Wenn-Dann-Formel hat die ideologische Vorherrschaft erlangt: Wenn der böse Mensch die Macht hat, die Umwelt zu zerstören und das Klima zu erwärmen, dann steht es auch in seiner Macht und ist es seine unbedingte Pflicht, die angerichteten Schäden wiedergutzumachen und die Klimaerwärmung zu stoppen. Er kann dann wieder zu einem guten Menschen werden. Im pejorativ benutzten Wort »Gutmensch« drücken sich Skepsis und Unbehagen gegenüber diesem Anspruch aus, der einer Illusion nachhängt: nämlich dass der Mensch das Schicksal der Erde selbst in der Hand habe. Insofern gleichen politische Maßnahmen eher gewissen magisch-religiösen Ritualen, die übernatürliche Mächte beeinflussen und letztlich beherrschen wollen, als tatsächlich wissenschaftlich-rational begründbaren Eingriffen, deren Notwendigkeit über jeden Zweifel erhaben ist. Die Corona-Krise ist ein illustres Beispiel.

Cassirers oben zitierter Ausspruch ist auch von brutal direkter Bedeutung: Die Erdkruste ist tatsächlich an manchen Stellen sehr dünn, unter denen gefährliche Vulkane brodeln. Niemand kann vorhersagen, wann ein Ausbruch stattfinden wird. Sollte ein »Supervulkan« in Süditalien oder in der Eifel oder sonst wo

---

114 Vgl. Peter Schneider: *Follow the science? Plädoyer gegen wissenschaftsphilosophische Verdummung und für wissenschaftliche Artenvielfalt.* Berlin 2020.

ausbrechen, wären alle Klimamodelle un damit alle Strategien zum »Schutz« und zur »Rettung« des Klimas mitsamt dem Pariser Klimaabkommen hinfällig, nur noch Makulatur. Es ist bemerkenswert, dass Vulkanologen erst kürzlich auf eine unkalkulierbare Gefahr hingewiesen haben: Der Supervulkan unter den Phlegräischen Feldern in der Nähe des Vesuvs rege sich in der Tiefe und könne ausbrechen.[115] Aber wer kann schon die Zukunft eindeutig vorhersehen? Gewisse Futurologen, worunter ich bestimmte Klimaforscher zählen würde, versuchen dies zu tun. Sie würden eine solche Frage für völlig abwegig halten, sind sie doch absolut überzeugt, die Ergebnisse ihrer Weissagekunst wissenschaftlich einwandfrei beweisen zu können, so dass sich jeder Zweifel daran erübrigt und als sträfliche Leugnung wissenschaftlicher Tatsachen zu gelten hat. Sie mögen mir meine Begriffsstutzigkeit und Beschränktheit verzeihen. Aber wie gesagt und gesungen: *»Die Gedanken sind frei!«*

Nachbemerkung (Ende Oktober 2023)

Seit Fertigstellung des vorliegenden Textes Ende Juli 2023 hat sich noch eine weitere »Zeitenwende« ereignet: Der massive Terrorangriff der Hamas auf Israel mit unabsehbaren Folgen für den Nahen Osten und die Welt. Wie sich dieses Ereignis auf Deutschland und Westeuropa auswirken wird, bleibt abzuwarten. Verständigung und Kompromiss sind nur dort möglich, wo nicht der Wille zur Vernichtung des Feindes alles Denken und Handeln beherrscht. Churchills berühmter Ausspruch lautet: *»You can't reason with a tiger when your head is in its mouth.«*

---

115 https://www.merkur.de/welt/um-europas-supervulkan-phlegraeische-felder-in-italien-sorge-zr-92369059.html (4.0ß7.2023)

Danksagung

Für die kritische Durchsicht des Manuskripts möchte ich meinem Sohn Johannes herzlich danken. Sein Lektorat hat die Lesbarkeit meines Essays entscheidend gefördert und die Gefahr der Betriebsblindheit gebannt, in die man als *Selfpublisher* allzu leicht gerät.

Inhalt

SCHOTT's NEUE BIBLIOTHEK

Schriftenreihe im Verlag BoD - Books on Demand

Bisher erschienen:

Band 1

Heinz Schott: *Himmel oder Hölle. Ansichten zur menschlichen Sexualität*
Paperback; 244 Seiten; Sprache: Deutsch
ISBN: 783837006018
Erscheinungsdatum: 23.03.2017
– Dieses Buch wurde nachträglich der Schriftenreihe als Band 1 zugeordnet.

Band 2

Heinz Schott: *Fluidum. Magische Momente des Mesmerismus*
Paperback; 148 Seiten; Sprache: Deutsch
ISBN: 9783744802055
Erscheinungsdatum: 21.04.2017

Band 3

Alice B. Stockham: *Karezza. Ethics of Marriage*
Edited by Heinz Schott
Paperback; 72 Seiten; Sprache: Englisch
ISBN: 9783744815086
Erscheinungsdatum: 04.05.2017

Band 4

Heinz Schott: *Magic of Nature. On the Mystery of Healing*
Paperback; 152 Seiten; Sprache: Englisch
ISBN: 9783746064956
Erscheinungsdatum: 17.01.2018

Band 5

Alice B. Stockham: *The Lover's World. A Wheel of Life*
Edited by Heinz Schott
Paperback; 360 Seiten; Sprache: Englisch
ISBN: 9783749432271
Erscheinungsdatum: 22.05.2019

Band 6

Richard Wagner: *Eine Pilgerfahrt zu Beethoven. Novelle*
Herausgegeben von Heinz Schott
Paperback; 48 Seiten; Sprache: Deutsch
ISBN: 9783750461222
Erscheinungsdatum: 27.02.2020

Band 7

Heinz Schott: *Corona und was die Seuchengeschichte lehrt. Essay*
Paperback; 100 Seiten; Sprache: Deutsch
ISBN: 9783751981095
Erscheinungsdatum: 18.10.2020

Band 8

Heinz Schott: *Arbeit und Krankheit. Ein medizin-soziologischer Beitrag zur Problematik der Rehabilitation. Versuch einer wissenschaftskritischen Bestandsaufnahme.* Doktorarbeit von 1974 mit einem aktuellen Rückblick.
Paperback; 344 Seiten; Sprache: Deutsch
ISBN-13: 9783752638769
Erscheinungsdatum: 05.02.2021

Band 9

Carl Gustav Carus: *Ueber Geistes-Epidemien der Menschheit* (1852)
Mit Anmerkungen und einem Nachwort herausgegeben von Heinz Schott
Paperback; 72 Seiten; Sprache: Deutsch
ISBN-13: 9783755709695
Erscheinungsdatum: 11.03.2022

<u>Band 10</u>

Willy Hellpach: *Die geistigen Epidemien* (1906).
Mit einem Nachwort herausgegeben von Heinz Schott
Paperback; 124 Seiten; Sprache: Deutsch
ISBN-13: 9783753498362
Erscheinungsdatum: 09.08.2022

Bestellungen (auch E-Book) bei BoD Buchshop

https://www.bod.de/buchshop/